KOSMOS
REISE
FÜHRER
NATUR

Walter Botsch/Hermann Schniepp

Geologischer Wanderführer: Schwäbische Alb

Mit 124 Farbfotos

Kosmos · Gesellschaft der Naturfreunde
Franckh'sche Verlagshandlung · Stuttgart

124 Farbbilder von W. Botsch (57), R. Holder (2), W. Müller (1), G. Oechßler (2), E. Pfirrmann (1), Photo-Center (3) und H. Schniepp (58) sowie 8 Zeichnungen von K. Beurlen (1), A. Koch (Bilder 2, 3, 5, 6, 7 aus: Georg Wagner, Erd- und Landschaftsgeschichte, Verlag der Hohenloheschen Buchhandlung F. Rau, Öhringen 1960) und H. Schniepp (2)

Umschlag von Edgar Dambacher unter Verwendung einer Aufnahme von R. Holder
Das Bild zeigt einen Blick in das Randecker Maar mit der Limburg (Vulkanschlot) im Hintergrund.

CIP-Kurztitelaufnahme der Deutschen Bibliothek

Botsch, Walter:
Geologischer Wanderführer: Schwäbische Alb / Walter Botsch; Hermann Schniepp. – Stuttgart: Franckh, 1979.
(Kosmos-Reiseführer Natur)
ISBN 3-440-04708-3

NE: Schniepp, Hermann:

Bild 1 (Seite 2). Ruine Reußenstein

Franckh'sche Verlagshandlung, W. Keller & Co., Stuttgart / 1979

Printed in Italy / Imprimé en Italie / LH 14 be / ISBN 3-440-04708-3
Satz: Fotosatz Schönthaler, Ludwigsburg
Herstellung: Grafiche Muzzio, Padua / Italien

„Wer eine Landschaft richtig kennenlernen will, darf sie nicht nur oberflächlich betrachten und in schönen Worten bewundern, er muß sie vielmehr auch erwandern, sich eingehend mit ihr befassen, in ihr Werden und Vergehen sich vertiefen". Dieses Wort des Altmeisters der schwäbischen Geologie, des Tübinger Professors Georg Wagner, steht als Leitmotiv über diesem Buch, das dem aufmerksamen Leser helfen will, die Entstehungsgeschichte der Schwäbischen Alb buchstäblich zu erwandern.
Die Schwäbische Alb ist seit eh und je ein Dorado für den Geologen, für den Fachmann, der hier einen Ausschnitt aus der Erdgeschichte in Form schön geordneter Gesteinsschichten vorfindet, wie für den Hobby-Geologen, der auf der Alb die verschiedenartigsten Versteinerungen finden kann. Erwarten Sie aber im vorliegenden Buch keinen Führer zu Versteinerungsfundstellen. Solche Stellen sind selten geworden, seit das Sammeln und Ordnen von Versteinerungen nicht mehr nur Liebhaberei einiger Lehrer oder Pfarrer, sondern ein weitverbreitetes Hobby ist. Die kleinen Steinbrüche sind kaum mehr in Betrieb, große geschlossen oder abgesucht. Der Kenner findet Versteinerungen heute vor allem in kurzzeitig erscheinenden Aufschlüssen, bei Erschließungsmaßnahmen und in Baugruben.
Dieses Buch möchte Ihnen die verschiedenen Landschaftsformen der Schwäbischen Alb nahebringen, Ihnen zeigen, wie diese Formen entstanden sind und wie sie sich im Laufe der weiteren Entwicklung verändern werden. Jeder, der auf der Schwäbischen Alb wandert, wird vom eigenartigen Reiz dieser Landschaft gefangen sein, von den oft düsteren Forsten der Höhen und den lichten Buchenwäldern der Hänge, von der herben Hochfläche und den romantischen Tälern. Es lohnt sich, diese Landschaft im Sinne von Georg Wagner kennen, verstehen und lieben zu lernen.
Wir stellen Ihnen zunächst in einem allgemeinen Abriß die Landschaftsgeschichte der Alb und ihre heutige Geologie vor. Anschließend beschreiben wir eine Reihe von Wanderungen, die uns die Geschichte der Geologie in der Landschaft selbst zeigen sollen. Theoretische Erläuterungen beschränken sich hier auf die örtliche Geologie und Landschaftsgeschichte. Die Wanderungen führen zu geologisch interessanten Gebieten oder Punkten. Meist handelt es sich um Rundwanderungen, deren Ausgangs- und Endpunkte mit dem Kraftfahrzeug, oft auch mit öffentlichen Verkehrsmitteln gut zu erreichen sind. Die Wanderungen selbst stellen keine großen Ansprüche an Ausdauer und Übung, bei Wanderzeiten von 3–4 Stunden sind sie auch vom mäßig geübten Wanderer gut zu bewältigen. Geologisch interessante Punkte, die auch ohne Wanderung mit dem Auto oder durch kleine Spaziergänge zu erreichen sind, werden im Text durch Kursivdruck hervorgehoben.
Außer schönen Landschaftsformen bietet die Schwäbische Alb dem geologisch Interessierten eine Reihe von Höhlen und Museen. Drei Höhlen besuchen wir im Verlauf unserer Wanderungen: Charlottenhöhle, Nebelhöhle und Wimsener Höhle. An größeren Höhlen wären darüber hinaus zu nennen: Die Tropfstein-Schauhöhlen *Bärenhöhle* bei Erpfingen und *Schertelshöhle* bei Westerheim sowie die *Laichinger Tiefenhöhle,* eine imponierend ausgebaute Klufthöhle.
Geologisch interessante Museen finden sich unter anderem in *Aalen* (Geologisch-Paläontologisches Museum), *Göppingen-Jebenhausen* (Städt. Naturkundliches

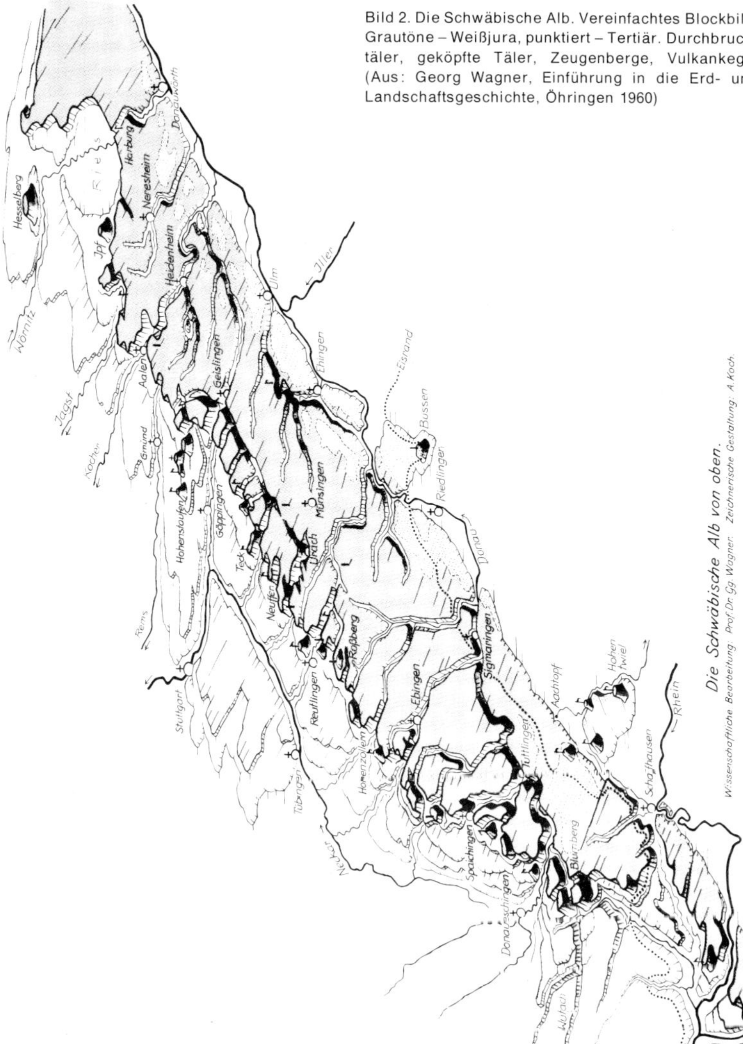

Bild 2. Die Schwäbische Alb. Vereinfachtes Blockbild. Grautöne – Weißjura, punktiert – Tertiär. Durchbruchtäler, geköpfte Täler, Zeugenberge, Vulkankegel (Aus: Georg Wagner, Einführung in die Erd- und Landschaftsgeschichte, Öhringen 1960)

Museum), *Holzmaden* östl. Kirchheim/Teck (Museum Hauff, mit den weltberühmten Fossilien aus dem Posidonienschiefer), *Schwäb. Gmünd* (Städt. Museum), *Spaichingen,* Kreis Tuttlingen (Naturhistor. Museum) *Steinheim* bei Heidenheim (Meteorkratermuseum), *Tübingen* (Museum für Geologie und Paläontologie, reichhaltige Schausammlung des Geolog. Instituts der Universität).

Die Landschaft der Schwäbischen Alb

Die Schwäbische Alb gehört zu den reizvollsten Landschaften des süddeutschen Raumes und bietet dem Besucher eine geradezu überreiche Fülle an „Anschauungsmaterial“, ganz gleichgültig, wie geartet seine Interessen sind. Geradezu ideale Bedingungen bieten sich dem geologisch Interessierten, denn hier kann er auf engstem Raum fast alle Kapitel der Geologie „am Objekt selbst“ studieren. Albvorland, Albanstieg, Albtrauf und Albhochfläche erschließen ein lückenloses Profil durch die gesamte Gesteinsabfolge des Schwarzen, Braunen und Weißen Jura, in dessen zum Teil stark fossilführenden Schichten der Amateurgeologe auch heute noch „fündig“ werden kann.
Bietet der nach Nordwesten gerichtete Steilabfall der Alb zahllose Beispiele für das Zusammenwirken von Verwitterungskräften und fließendem Wasser bei der Abtragung einer Landschaft, so sind auf der Albhochfläche die Trockentäler und Dolinen, die Flußversickerungen und die Karstquellen typische Beispiele für die Auflösungs-(Karst-)-erscheinungen im Kalk. Zahlreiche Karsthöhlen erschließen eine bizarre unterirdische Welt, geköpfte Täler am Albtrauf weisen unübersehbar auf den Kampf zwischen den Stromsystemen von Donau und Rhein hin. Kalktuffablagerungen und die Tropfsteine der Albhöhlen wiederum legen Zeugnis dafür ab, daß in der Natur nicht nur zerstört, sondern gleichzeitig auch wieder aufgebaut wird. Maare und Bölle (Bühle), Mineral- und Thermalquellen im Bereich der Uracher und Kirchheimer Alb zeugen von einstiger vulkanischer Tätigkeit; die Klifflinie des Tertiärmeers verläuft am Südrand der Alb und verschafft Süddeutschland einen „zu Stein gewordenen Hauch von Meer“ – und nachdem das Ries und das Steinheimer Becken nach langen Diskussionen wohl endgültig als Meteoritenkrater anerkannt worden sind, gehört dieses Gebiet zu der Handvoll Punkte auf der Erde, die durch die riesigen Einschlagstrichter außerirdischer Materiebrocken „verschönt“ wurden.

Die Schwäbische Alb heute

Die Schwäbische Alb erstreckt sich vom Rheinfall bei Schaffhausen im Südwesten auf einer Länge von etwa 200 Kilometern bis zur Wörnitz und dem Meteorkrater des Ries im Nordosten. Geologisch gesehen bildet sie die oberste Stufe des Süddeutschen Schichtstufenlandes, dessen Gesteinsschichten nach Südosten abfallen (Schichtfallen). Der Blick auf eine topographische Karte verdeutlicht dieses allmähliche Schichtfallen zur Donau hin: Während die Erhebungen im Südwesten (Dreifaltigkeitsberg, Lemberg, Oberhohenberg, Plettenberg) die Tausendmetergrenze noch erreichen, ist der Ipf bei Bopfingen im nordöstlichsten Zipfel der Alb „nur noch“ 668 Meter hoch. Nach Nordwesten fällt die Schwäbische Alb steil ab und vermittelt dem Betrachter aus der Ferne den Eindruck einer mächtigen geschlossenen Mauer. Wie sehr aber dieses Bild der Geschlossenheit täuscht, zeigt sich bei näherer Betrachtung: Durch Wechsellagerung von harten und weichen Gesteinsschichten, durch Verwitterungskräfte und vor allen

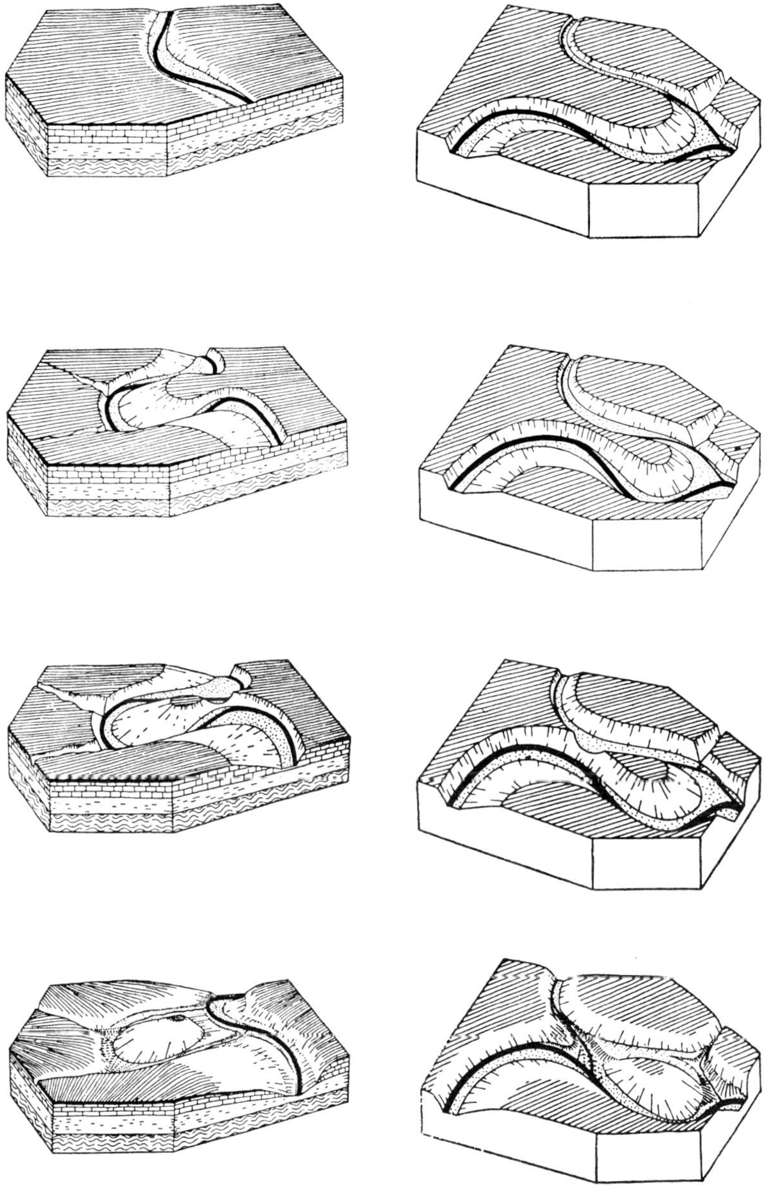

Bild 3. Entstehung eines Umlaufbergs (links) und eines Durchbruchberges (rechts) (Aus: Georg Wagner, Einführung in die Erd- und Landschaftsgeschichte, Öhringen 1960)

Dingen durch das fließende Wasser ist der mauerartige Eindruck weitgehend verschwunden. Tief haben sich die Neckarzuflüsse in die Albtafel hineingefressen (rückschreitende Erosion) und den Nordwestrand in zahllose, meist felsgekrönte Berghalbinseln, Vorsprünge und teilweise schon ganz von der Albtafel losgelöste Einzelberge (Zeugenberge) zerschnitten (Bild 2). Wie sehr das fließende Wasser die Landschaft der Schwäbischen Alb geprägt hat, wird im Bereich der Mittleren Alb besonders deutlich. Dort hat der Neckar einen eindrucksvollen, hier wirklich mauerartigen Steilabfall herauspräpariert, der sich etwa 300–400 Meter über das Vorland erhebt.
Abwechslungsreich und gar nicht eintönig ist auch die Albhochfläche mit ihren drei, im Typus doch recht stark voneinander abweichenden Landschaftsformen: der Schichtflächenalb im Südwesten, der Kuppenalb im Bereich von Mittlerer und Ostalb und der donauseitigen südlichen Flächenalb (s. S. 32). Im Gegensatz zum Albvorland ist der gesamten Albhochfläche ein auffallender Wassermangel gemeinsam. Daß dies aber nicht immer so gewesen ist, erkennen wir an dem gewaltigen und dichten Trockentalsystem, das zusammen mit dem geologischen Untergrund vor allen Dingen die Kuppenalb entscheidend geprägt hat (Bild 3, Seite 9). Mit dem aus der Jurazeit stammenden geologischen Untergrund wollen wir uns zuerst ausführlicher beschäftigen.

Die Jurazeit

1829 wurde von Brongniart die Bezeichnung Jura erstmals auf die gesamte Formation angewendet. Sie umfaßt einen Zeitraum von etwa 45 Millionen Jahren. Von L. v. Buch stammt die Gliederung in Unteren, Mittleren und Oberen Jura (1837), von Friedrich Quenstedt (1843) die Einteilung in Schwarzen, Braunen und Weißen Jura, die besonders in Süddeutschland aufgrund der deutlich wechselnden Gesteinsfarben gemacht werden kann. Die Namen Lias, Dogger und Malm kommen aus England – und in der Tabelle auf Seite 12ff. finden Sie noch weitere, heute vor allem in der geologischen Literatur verwendete Stufennamen. Wir wollen uns an die alte deutsch-englische Gliederung und an die von F. Quenstedt eingeführte Einteilung in Lias, Dogger und Malm mit je sechs Stufen halten. Man bezeichnet die einzelnen Stufen mit den ersten sechs Buchstaben des griechischen Alphabets: α, β, γ, δ, ε, ζ.
Mit Beginn der Jurazeit geht die Epoche des Germanischen Beckens zu Ende. Durch die stark erweiterte Burgundische Pforte wird das weitgehend aufgefüllte Keuperbecken von einem Flachmeer überflutet. Vielleicht könnte man es mit der heutigen Nordsee vergleichen. Eine von der Tethys über Frankreich und die heutige Nordsee bis nach England und in den arktischen Bereich reichende Meeresstraße entsteht. Aus diesem Meeresvorstoß ergibt sich zu Beginn der Jurazeit etwa folgende Situation: Im Nordosten und Osten Europas reicht das Liasmeer bis an die alten Festlandmassen von Fennosarmatia und Böhmen, die im Bereich von Harz und Thüringer Wald weit nach Westen ausgreifen. Im Süden trennt es mit der Vindelizischen Schwelle Mitteleuropa von der Tethys. Die Vindelizische Schwelle ist eine Halbinsel, die von Böhmen aus über den heutigen Donauraum bis in die Südschweiz, zeitweilig sogar bis zum Französischen Zentralmassiv reicht. Im Westen verläuft die Küste so, daß ganz Mittel- und Westeuropa überflutet sind, mit Ausnahme des nordwestlichen Teils der Iberischen Halbinsel, der Bretagne, dem größten Teil von Island und dem nördlichen Schottland. In diesem riesigen Jurameer lagen eine Reihe größerer Inseln,

stehengebliebene oder wieder gehobene Reste der variszischen Gebirgsbildung: die Ardennisch-Rheinische Insel, die sich von Südostengland über Belgien, die Ardennen und das heutige Rheinische Schiefergebirge weit nach Osten erstreckte. Dadurch bestand während des Lias zwischen nordeuropäischem und süddeutsch-westeuropäischem Jurameer nur eine Verbindung über einen schmalen Meeresarm zwischen Werra und Fulda (Hessische Straße). Zu Beginn des Malm hat sich dieser Meeresarm durch die Verbindung von Ardennisch-Rheinischer Insel und Böhmischer Masse über die sogenannte Mitteldeutsche Schwelle völlig geschlossen. Im Bereich von Schwarzwald und Vogesen waren es zwei langgestreckte, etwa nord-süd-verlaufende Inseln.
Die enge Verbindung zu Norddeutschland über die Hessische Straße auf der einen, der breite Zugang zur Tethys über die Burgundische Pforte auf der anderen Seite beeinflußten auch die Zusammensetzung der Tierwelt. In Süddeutschland ist die Tierwelt der Jurazeit der südeuropäischen mehr verwandt als der Norddeutschlands.
Unterschiede bestehen auch in der Mächtigkeit der Juraablagerungen: In Norddeutschland senkte sich der Meeresboden stärker ab als in Süddeutschland. Hier blieb das Jurameer ein Flachmeer, das von weitgehend eingeebneten und deshalb wenig Verwitterungsschutt anliefernden Festländern umgeben war. Daß sich der jeweilige Küstenverlauf innerhalb von rund 45 Millionen Jahren durch Meeresvorstöße und -rückzüge immer wieder verändert hat, ist naheliegend, kann aber im Rahmen dieses Büchleins nicht im Detail besprochen werden.
In den Ablagerungen der süddeutschen Liasgesteine fehlen Sedimente mit größerer Korngröße weitgehend, ein Zeichen mangelnder Transportkraft der Flüsse, die mit geringem Gefälle von den reliefarmen Festländern kamen. Unter den Ablagerungen herrschen dunkle Tone und Kalke vor, deren Farbe durch fein verteilten Pyrit und Markasit (FeS_2) sowie feinstverteilte organische Substanzen hervorgerufen wird. In der Tabelle auf den Seiten 12ff. finden Sie eine Zusammenstellung der wichtigsten Leitfossilien.
Charaktergesteine des Dogger sind anfangs noch dunkle Tone, rotbraune Sandsteine, etwas seltener, dazwischengeschaltete dunkle Kalke. Die rotbraune Färbung kommt durch Brauneisenerze zustande, die in manchen Gebieten und Zonen einen Brauneisengehalt von über 50 % aufweisen (Dogger β = Eisensandstein).
Auffallendste Gesteine des Weißen Jura sind die weißen Kalke und Dolomite von Malm β, δ und ε, hinter denen die restlichen Gesteine (meist Mergel) schon rein optisch deutlich in den Hintergrund treten. Wenn wir bedenken, wieviel Feststoffe ein Fluß jedes Jahr ins Meer verfrachtet, dann signalisieren die weißen Kalke eine weitgreifende Veränderung der paläogeographischen Situation in Süddeutschland, denn sie entstanden entweder nicht in Küstennähe oder aber in einem Flachmeer ohne größere Zuflüsse. Die Vindelizische Schwelle, die noch im Dogger „Eisen" und Sandstein lieferte, versinkt zu Beginn des Malm im Meer und ermöglicht einen breiten Zugang zur Tethys.

Die wichtigsten Fossilien der gesamten Jurazeit sind in der nachfolgenden Tabelle zusammengestellt und zeitlich eingeordnet.

Abteilungen	Stufen n. Arkell	Stufen n. Quenstedt	Schichtenfolge	Leitfossilien
Oberster Malm	Purbeck			
	Portland			
Malm Oberer oder Weißer Jura	Kimeridge	ζ_4 ζ_3 ζ_2 ζ_1	Neuburger Kalke Hangende Bankkalke/ Reisberg-Schichten Zement-Mergel Ulmensis-Schichten/ Solnhofener Plattenkalke	
		ε_2 ε_1	Felsenkalke	*Perisphinctes setatus* (Ammonit) Merkmale: Über die Außenseite hinwegstreichende Rippen, weitnablig, scheibenförmig, Rippen radial oder außen vorgeschwungen, auf der äußeren Hälfte der Flanke sich teilend, nahezu quadratischer Windungsquerschnitt. *Sutneria subeumela* (Ammonit) Merkmale: Innenwindungen wie bei Perisphinctes, Wohnkammer etwa 1/2 Umgang, ± stark geknickt, trägt ziemlich plötzlich Einfachrippen, die an der Externseite in einem spitzen Knötchen enden.
		δ_4 δ_3 δ_2 δ_1	Quaderkalke Kalk Mergel Kalk	*Aulacostephanus pseudomutabilis* (Ammonit) Merkmale: Nahtgablige, hochmündige Vertreter, bei welchen von einem an der Naht gelegenen Knoten 4–6 Gabeläste ausgehen; an der Externseite werden sie von einem glatten Band unterbrochen. *Aulacostephanus mutabilis* und *desmonotus* *Streblites tenuilobatus* (Ammonit) Merkmale: Sehr engnablig, hochmündig, scheibenförmig, mit sichelförmigen Hauptrippen und eingeschalteten Sekundärrippchen. *Idoceras balderus* (Ammonit) Merkmale: Weitnablig, scheibenförmig, Rippen einfach geteilt, außen vorgezogen und auf der Externseite gewinkelt zusammentreffend. *Ataxioceraten* (Ammonit) Merkmale: Mäßig weitnablig, scheibenförmig, Rippen mit Spaltknoten und auf der Flankenmitte einsetzende Spaltrippen, große unregelmäßig ausgebildete Einschnürungen. *Sutneria platynota* (Ammonit)
		γ	Aptychen-Mergel	

Abteilungen	Stufen		Schichtenfolge	Leitfossilien
	n. Arkell	n. Quenstedt		
Malm Oberer oder Weißer Jura	Oxford	β	Wohlgeschichtete Kalke	*Oppelia flexuosus* (Ammonit) Merkmale: Engnablig, hochmündig, scheibenförmig, mit sichelförmigen Hauptrippen und eingeschalteten Sekundärrippchen. *Sutneria galar* (Ammonit) *Idoceras planula* (Ammonit)
		α_2 α_1	Impressa-Mergel	*Aulacothyris impressa* (Brachiopode) Merkmale: Familie Terebratulidae, mit einem Mediansinus in der Dorsalklappe. *Peltoceras bimammatum* (Ammonit) Merkmale: Sehr weit genabelt, Windungen mit fast quadratischem Querschnitt, innen mit kräftigen Rippen, die ohne Unterbrechung über die fast ebene Externseite verlaufen, in deren Nähe sie sich zwei- oder dreifach teilen. *Peltoceras transversarium* (Ammonit)
			Renggeri-Tone	*Creniceras renggeri* (Ammonit) Merkmale: Familie Oppeliidae, seitlich abgeflacht, bis auf eine mediane Reihe stumpfer, relativ grober Auskerbungen und einige gelegentlich auf der Wohnkammer vorkommende Rippchen glatt.
Dogger Mittlerer oder Brauner Jura	Callov	ζ_2	Lamberti-Ton	*Quenstedtoceras lamberti* (Ammonit) Merkmale: Enggenabelte Formen mit kräftigen, nach vorn gebogenen Rippen.
		ζ_1	Ornatenton	*Kosmoceraten* (Ammonit) Merkmale: Rippen auf der Außenseite unterbrochen (Externfurche). Eng- bis weitnablig, Rippen mit Nabel- und Außenknoten, oft auch Flankenknoten an den Teilungsstellen der Rippen.
		ε_3	Macrocephalen-Oolith	*Macrocephalites macrocephalus* (Ammonit) Merkmale: Engnablig, dick, hochmündig, viele dichtstehende, gespaltene Rippen, keine Knoten.
	Bath	ε_2	Dunkle Mergel	*Rhynchonella varians* (Brachiopode) Merkmale: Familie Rhynchonellidae, klein, dichtberippt, vielgestaltig. *Oppelia aspidoides* (Ammonit) *Dentalium* (Röhrenschnecke) *Parkinsonia württembergia* (Ammonit) Merkmale: Weitgenabelt, scheibenförmig, Rippen vorgeschwungen, einfach gespalten.
	Bajoc	ε_1	Parkinsoni-Oolith	*Parkinsonia parkinsoni* (Ammonit)

Abteilungen	Stufen n. Arkell	Stufen n. Quenstedt	Schichtenfolge	Leitfossilien
Dogger Mittlerer oder Brauner Jura	Bajoc	δ	Subfurcaten Oolith Stephanoceraten-Schichten Ostreenkalk, Giganteuston	*Strenoceras subfurcatum* (Ammonit) *Stephanoceras coronatum* (Ammonit) Merkmale: Weitnablig, dick, gespaltene Flankenrippen, die über die Außenseite hinwegstreichen, Flankenknoten, an denen sich die Rippen teilen. *Stephanoceras blagdeni* (Ammonit) *Alectryonia marshi* (Hahnenkammauster) Merkmale: besitzt zwei stark gefaltete (bis 4 cm dicke) Schalen, die zickzackförmig ineinandergreifen. *Belemnites giganteus* (Belemnit) Merkmale: bis zu 1 m lange Rostren.
		γ	Blaukalke Sonninien-Schichten Sowerbyi-oolith	*Stephanoceraten* (Ammonit) *Otoites* sp. (Ammonit) Merkmale: Mäßig groß bis fast kugelig, Windungsquerschnitte stark gedrungen bis sehr breit, eng- und tiefgenabelt. Rippen gabeln sich in der Nähe der Naht in 2–6 Externrippen. *Sonninia sowerbyi* (Ammonit) Merkmale: Mäßig weit genabeltes Gehäuse. Kräftige, unregelmäßige und überwiegend geschwungene Gabelrippen. Knoten an den Spaltpunkten.
	Aalen-Stufe	β	Eisen- oder Personaten-Sandstein	*Pecten personatus* (Muschel) Merkmale: Rundlich, ungleichklappig, rechte Klappe konvex, linke plan bzw. leicht konkav, glatte Außenseite, Innenleisten. *Staufenia staufensis* (Ammonit) Merkmale: Mäßig weitnablig, hochmündig mit zugeschärfter Externseite. *Ludwigia murchisonae* (Ammonit) Merkmale: Mäßig weitnablig, hochmündig, Sichelrippen stark sichelförmig geschwungen und gespalten, oft mit Knoten, glatter, scharfer Kiel.
		α	Opalinuston	*Trigonia navis* (Dreieckige Schiffsmuschel). *Leioceras opalinum* (Ammonit) Merkmale: Glatter Kiel, engnablig, hochmündig, scheibenförmig, sichelförmige Anwachsstreifen. *Lytoceras torulosum* (Ammonit) Merkmale: Die im Querschnitt fast kreisförmigen Windungen umfassen sich wenig. Nabel infolgedessen sehr weit. Oberfläche meist mit wulstartigen, über die Externseite verlaufenden Rippen bedeckt.
Lias Unterer oder Schwarzer Jura	Toarc	ζ	Jurensis-Mergel	*Harpoceraten* (Ammoniten) Merkmale: Gehäuse seitlich stark abgeplattet, hochmündig, auf der Externseite zugeschärft. Berippung sehr fein, engständig, s-förmig geschwungen, auf den extern gelegenen Bereichen der Flanken kräftiger als innen. *Lytoceras jurense* (Ammonit)

Abteilungen	Stufen n. Arkell	Stufen n. Quenstedt	Schichtenfolge	Leitfossilien
Lias	Toarc	ε	Posidonienschiefer	*Harpoceraten* (Ammoniten) *Dactylioceras commune* (Ammonit) Merkmale: Weitgenabelt, kreisrunder Windungsquerschnitt, kräftige, endständige Berippung aus externgabligen Gabelrippen.
	Pliensbach	δ	Amaltheentone	*Amaltheus spinatus* (Ammonit) Merkmale: Engnablig, hochmündig und mit perlschnurförmigem Zopfkiel. *Amaltheus margaritatus* (Ammonit)
		γ	Numismalismergel	Zahlreiche Belemnitenbruchstücke *Spiriferina ferrucosa* (Brachiopode) *Terebratula (Zeilleria) numismalis* (Brachiopode) Merkmale: Rundlicher bis fünfeckiger Umriß, oft in Brauneisen umgewandelt. *Gryphaea cymbium* (Auster) Merkmale: Breiter und größer als *G. arcuata*, aber mit weniger gebogenem Schnabel.
Unterer oder Schwarzer Jura	Sinemur	β	Tone	*Echioceras raricostatum* (Ammonit) Merkmale: Externkiel schwach, Kielfurchen nur bei wenigen Formen vorhanden, Einfachrippen stehen weit auseinander, ohne Knoten, Einrollung schwach, Windungsquerschnitt nahezu kreisrund. *Aegoceras biferum* (Ammonit) Merkmale: Klein, weitnablig, Rippen glatt über die Außenseite hinwegstreichend. *Oxynoticeras oxynotum* (Ammonit) Merkmale: Flach scheibenförmig, – relativ enggenabelt, in der Jugend mit gerundetem, später scharfem Hohlkiel. Oberfläche glatt oder mit feinen, an der Naht gegabelten Rippchen.
			Beta-Kalkbank	
			Tone	*Arietites obtusus (turneri)* (Ammonit), *Aegoceras planicosta* (Ammonit)
		α_3	Arieten-Kalke	*Arietites bucklandi* (Ammonit) Merkmale: Weitnablig, mit breiten, kräftigen Rippen wie die Widderhörner (arietes = Widder), Außenseite mit einem Kiel, der oft von zwei Seitenfurchen begleitet ist, die aber gelegentlich fehlen können. *Gryphaea arcuata* (Auster) Merkmale: Stark gewölbte, runzlige Unterschale, flache, deckelförmige Oberschale, stark eingerollter Wirbel. Deutlich erkennbare Wachstumsstreifen auf der Oberschale.
	Hettang	α_2	Angulaten-Sandstein	*Schlotheimia angulata* (Ammonit) Merkmale: Externseite gerundet, Querschnitt oval ± weitgenabelt.
		α_1	Psilonoten-Schichten	*Psiloceras planorbis* (Ammonit) Merkmale: Weitnablig, flach scheibenförmig, wenig umfassend, Windungen elliptisch.

Reich und vielgestaltig war das Leben in den Jurameeren, so daß wir uns in diesem Buch praktisch auf eine kurze „Kennkarte“ der wichtigsten Fossilien beschränken müssen. (In der Tabelle auf den Seiten 12ff. werden die wichtigsten Leitfossilien etwas genauer beschrieben).
Die wichtigsten Leitfossilien stellten die Ammoniten (Ordnung Ammonoidea), die Brachiopoden (Stamm Brachiopoda), die Belemniten (Unterordnung Belemnoidea) und die Muscheln (Klasse Lamellibranchiata).
Die **Ammoniten** gehören zu den Kopffüßlern (Klasse Cephalopoda). Während der Jurazeit besitzen sie ein charakteristisch flaches Gehäuse, das in einer Ebene eingerollt und durch Kammerwände in zahlreiche Gaskammern unterteilt ist; nur der letzte äußere Abschnitt des Gehäuses diente dem Tier als Wohnkammer (s. S. 18). Die einzelnen Gaskammern waren durch eine häutige Röhre, den Sipho, miteinander verbunden. Dieser Sipho ging vom Hinterende des Tieres aus und war bei den Jura-Ammoniten an der Schalenaußenseite fixiert.
Die Entwicklung der Lobenlinie (s. S. 18) wie auch der Gehäuseskulptur liefert gute Erkennungsmerkmale für die zeitliche Einstufung der Ammoniten. Als Lobenlinie bezeichnet man die Ansatz- oder Haftlinie der Kammerscheidewände an der Außenschale. Bei den Ammoniten zeigt sie im Laufe der Entwicklungsgeschichte zunehmend komplizierteren Bau. Finden sich zu Beginn nur wellblechartige Verbiegungen (die zur Mündung hin gebogenen Elemente heißen Sättel, die von der Mündung weggebogenen Loben), so läßt sich bald eine Verschmälerung und Zuspitzung der Loben feststellen. Etwa vom Perm ab ist eine Zerschlitzung der Loben zu beobachten, während die Sättel noch glatt bleiben. Die völlig zerschlitzte Lobenlinie ist das Merkmal aller Jura-Ammoniten und damit eine sichere Möglichkeit, Jura-Ammoniten von älteren Formen abzugrenzen. Gute Unterscheidungsmerkmale bietet auch die Entwicklung der Gehäuseskulptur während der Jurazeit: Die ursprünglichste und einfachste Form zeigt die Gattung *Phylloceras*, die übrigens als einzige Gattung das große Ammonitensterben am Ende der Trias überlebt hat. Die Vertreter dieser Gattung besitzen ein glattes, dick scheibenförmiges und außen gerundetes Gehäuse. Dann kommen Formen mit einfachen, radial angeordneten (teils auch sichelförmig geschwungenen) ungespaltenen Rippen. In den darauffolgenden (jüngeren) Gesteinsschichten finden sich solche mit Rippen, die in der Nähe der Außen-(Extern-)Seite gespalten sind. Dieser Spaltpunkt wandert in der Folgezeit immer mehr zum Nabel hin, so daß die Teiläste außen abermals gespalten werden können. Glatte Formen – Einfachripper – Spaltripper – mehrfach gegabelte Spaltripper – ergeben die Reihenfolge, in der Sie die Ammoniten in den Lias-, Dogger- und Malmablagerungen finden können (s. S. 18).

Oben links: Ammonit (Stephanoceras macrum), Dogger δ, Beuren, Kr. Eßlingen. Merkmale: Weitnablig, dick, gespaltene Flankenrippen, die über die Außenseite hinwegstreichen, Flankenknoten, an denen sich die Rippen teilen. – *Oben rechts:* Ammonit (Kepplerites evolutus), Dogger ε, Achalm b. Reutlingen. Merkmale: Mäßig weitgenabelte Formen, deren innere Windungen auf der Externseite abgeplattet oder mit einer Furche ausgestattet sind, äußere Windungen ähnlich wie bei Macrocephalites. – *Unten links:* Ammonit (Staufenia staufensis), Dogger β, Scheffheu. Merkmale: Mäßig weitnablig, hochmündig mit zugeschärfter Externseite. – *Unten rechts:* Ammonit (Psiloceras plicatum), Lias α (Psilonotenbank), Bebenhausen b. Tübingen. Merkmale: Weitnablig, flach scheibenförmig, wenig umfassend, Windungen elliptisch.

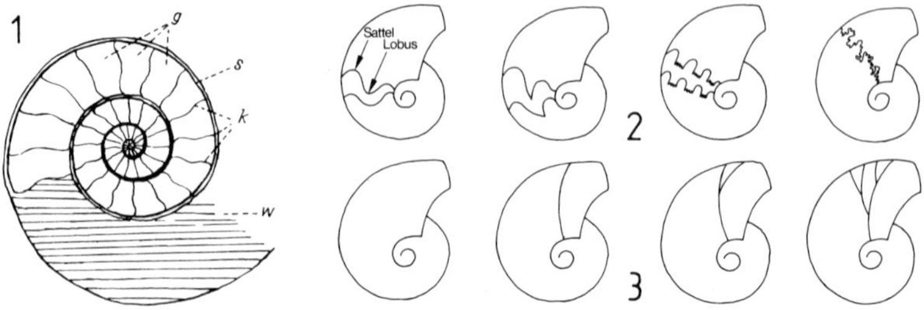

Bild 4. **1** Ammonitenschale (Medianschnitt): g = Gaskammer, w = Wohnkammer, k = Kammerwände, s = Sipho. **2** Entwicklung der Lobenlinien. **3** Entwicklung der Gehäuseskulptur

Auch die **Belemniten** gehören zur Klasse Cephalopoda, besitzen aber eine in das Innere verlagerte „Schale" aus drei Teilen: dem *Rostrum* oder Donnerkeil, einem länglichen, kegelförmigen Kalkgebilde, das man meist als einzigen Überrest eines Belemniten findet; dem *Phragmokon*, einer kegelförmigen Höhlung vorn am Rostrum, durch Scheidewände gekammert und von einem Sipho durchzogen; dem *Proostrakum*, dem dünnen Fortsatz des Phragmokons. Nur selten findet man eines von beiden erhalten.
Die **Brachiopoden** sind auf den ersten Blick kaum von den Muscheln zu unterscheiden. Merkmale: ein Weichkörper und eine Austrittsöffnung (Stielloch) für den am Wirbel austretenden muskulös-häutigen Schlauch, mit dem sich das Tier „festhalten" konnte. Der Weichkörper wird von einer meist kleineren Rükkenklappe und einer etwas größeren Bauchklappe geschützt. Am Wirbel greift die Bauchklappe häufig etwas über die Rückenklappe. Charakteristisch für den Weichkörper sind Mundanhänge, sogenannte Arme, die durch „Armgerüste" (kalkige Ausscheidungen verschiedenster Gestalt) gestützt werden. Als Leitfossilien während der Jurazeit spielen Brachiopoden mit schleifenartig gekrümmtem Armgerüst eine Rolle, wobei die Schleife eingedellt oder geschwungen sein kann. Der Schalenrand am Wirbel bildet das Schloß, das abgeplattete Feld zwischen Schloßrand und dem Wirbel der Bauchklappe heißt Area. Der Bau des Schlosses erlaubt die Einteilung in schloßlose Inarticulaten (lat. inarticulatus = unverbunden) und schloßtragende Articulaten (lat. articulatus = gelenkig verbunden).
Die **Muscheln** haben als auffallendstes Merkmal die zweiklappige kalkige Schale, deren Hälften im Gegensatz zu den Brachiopoden (Rücken- und Bauchklappe) rechts und links vom Tier liegen. Die Symmetrieebene des Tieres verläuft parallel zwischen den beiden Schalenklappen. Schließmuskeln halten die Klappen zusammen. Auf der Schaleninnenseite sind ihre Ansatzstellen als Eindrücke zu sehen. Das Öffnen und Schließen geschieht durch ein elastisches Band, das Ligament. Bei den meisten Muscheln verbindet ein sogenanntes Schloß mit zahnartigen Vorsprüngen (Schloßzähnen) und grubenartigen Vertiefungen (Zahngruben) die Schalenklappen miteinander. Es erlaubt neben den Schließmuskeleindrücken eine gute Unterteilung der Muscheln.

Oben links: Belemnit (Belemnotheuthis paxillosus), Lias γ (Numismalismergel) bei Schwäb.-Gmünd. – *Oben rechts.* Auster (Gryphaea arcuata), Lias α, Oberbettringen b. Schwäb.-Gmünd. Merkmale: Stark gewölbte, runzlige Unterschale, flache, deckelförmige Oberschale mit deutlich erkennbaren Wachstumsstreifen. Stark eingerollter Wirbel. – *Unten links:* Brachiopoden (Terebratula (Waldheimia) numismalis), Lias γ, Waldstetten b. Schwäb.-Gmünd. *Unten rechts:* Muschel (Trigonia dentata), Braunjura ε, Eningen b. Reutlingen

Albhöhlen. Weit über hundert Albhöhlen sind bekannt, aber nur wenige ohne Risiko für den Besucher zugänglich. Alle Kalkhöhlen verdanken ihre Entstehung dem kohlensäurehaltigen Wasser, das wasserunlöslichen Kalk ($CaCO_3$) in wasserlösliches Calciumhydrogencarbonat ($Ca(HCO_3)_2$) überzuführen vermag. Niederschlagswasser nimmt aus der Luft sowie beim Eindringen in den Boden Kohlendioxid auf. Die für das Kalkgestein charakteristischen senkrecht zur Schichtung verlaufenden Haarrisse und Bruchflächen werden unter Einwirkung des Wassers zu Klüften und Spalten erweitert. Entlang der Schichtgrenzen löst sich der Kalk in der Höhe des jeweiligen Karstwasserspiegels auf. Diese Auflösungsvorgänge im Kalk bezeichnet man als Karsterscheinungen. Sie lassen sich am besten durch eine chemische Gleichung ausdrücken:

$$H_2O + CO_2 + CaCO_3 \rightleftharpoons Ca(HCO_3)_2$$

So entsteht allmählich ein dichter werdendes Netz von Wasseradern im Kalk, das immer mehr Niederschläge aufnehmen kann und die oberirdische Entwässerung durch Bäche und Flüsse immer tiefer in den Untergrund verlagert (s. S. 24, 32). Werden die Kalkgesteine von wasserundurchlässigen Schichten (Ton, Lehm, Mergel) unterlagert, dann fließt das Wasser an der Schichtgrenze – der Neigung der Schichtflächen folgend – ab und tritt irgendwo als Karstquelle (s. S. 24) wieder zutage. Die so gebildeten unterirdischen (Höhlen-)Flüsse schaffen alle Voraussetzungen für die Entstehung einer Karsthöhle, denn zu der chemischen Abtragung (Korrosion) kommt jetzt noch die mechanische Abtragung (Erosion) durch das fließende Wasser hinzu. Das Zusammenwirken von Korrosion und Erosion hat den Versturz zur Folge. Damit sind Deckenabbrüche gemeint, die zu echten Höhlenerweiterungen führen, wenn das heruntergebrochene Gestein durch das fließende Wasser abtransportiert bzw. durch Kohlensäureverwitterung aufgelöst wird. Mischungskorrosion schließlich wird hervorgerufen durch den unterschiedlichen Carbonatgehalt der in die Höhlen eintretenden Niederschlagswässer, der das Lösungsvermögen des Wassers laufend verändert. Entsprechend der Verkarstung entlang des tektonischen Kluftnetzes (senkrecht zum Kalk) bzw. entlang der Schichtflächen im Kalkgestein entstehen die beiden folgenden Höhlentypen:

Naturschächte, Kluft- oder *Schachthöhlen* (Typ Laichinger Tiefenhöhle) und *Wasserhöhlen,* die mehr oder weniger waagrecht verlaufen und auf die ehemalige Talsohle (den Vorfluter) ausmünden. Hier unterscheiden wir je nach Wasserführung drei Höhlentypen:

Eigentliche Wasserhöhlen (Typ Wimsener-(Friedrichs-) Höhle s. S. 68)

Wasserhöhlen im Übergang zur Trockenhöhle (Typ Falkensteiner Höhle in der Nähe von Urach)

Trockenhöhlen (= Normalhöhlen) mit Tropfsteinen (Typ Nebelhöhle bei Genkingen-Unterhausen (s. S. 70) und Bärenhöhle bei Erpfingen), bei denen der Karstwasserspiegel so weit abgesunken ist, daß die Höhlen „trockenfallen“ konnten. (Weitere Höhlen siehe Vorwort).

Dolinen. Hohlräume, die nahe der Erdoberfläche einbrechen und dann von außen sichtbare, mehr oder weniger runde Einsturztrichter bilden, bezeichnet man als Dolinen. Sie sind fast überall auf der Alb, vor allem aber im Bereich der Ostalb, zu finden (s. S. 24).

Oben links: Eingang zur Falkensteiner Höhle b. Urach. – *Oben rechts:* Massenkalkfelsen (Weißjura δ) beim Reußenstein. – *Unten links:* Dolomitfelsen aus dem Weißjura ε im Wental mit typischen Erosionsspuren. – *Unten rechts:* Verwitterungs-Schlotte im Weißjura ζ.

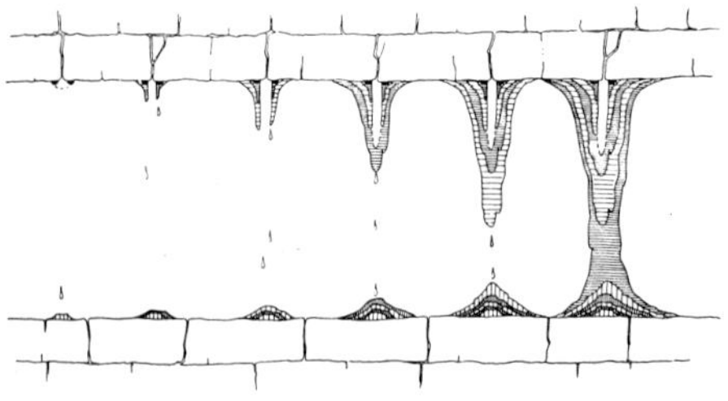

Bild 5. Tropfsteinbildung (Aus: Georg Wagner, Einführung in die Erd- und Landschaftsgeschichte, Öhringen 1960)

Tropfsteine. Die optische Wirkung einer Karsthöhle ist nicht zuletzt auf die Formenvielfalt der Tropfsteine und Kalksinter zurückzuführen. Tropfsteine bilden sich an der Decke (Stalaktiten) und am Boden (Stalagmiten), Kalksinter an den Wänden und Decken der Höhlen. Chemisch gesehen entsteht aus dem wasserlöslichen Calciumhydrogencarbonat ($Ca(HCO_3)_2$) unter Abgabe von Kohlendioxid (CO_2) und Wasser (H_2O) wieder das wasserunlösliche Calciumcarbonat (vgl. Seite 20). Denn in der Höhle herrschen höhere Temperaturen als im vorher durchflossenen (Kalk-)Gestein, so daß ein Teil des Sicker- und Tropfwassers verdunstet und Kohlensäure entweicht. Das chemische Gleichgewicht wird durch Übersättigung gestört, und Kalk scheidet sich aus. Stalaktiten sind im Jugendstadium hohl und meist bleistiftdick. Dicker werden sie durch calciumhydrogencarbonathaltiges Wasser, das auch außen am Tropfstein herabrinnt und schließlich das Röhrchen verschließt und so einen nach unten sich etwas verjüngenden Tropfstein entstehen läßt. Die mehr in die Breite wachsenden Bodentropfsteine entstehen durch Verdunstung des von der Höhlendecke heruntertropfenden Wassers, Kalksinter ebenso durch das an den Höhlenwänden herunterrinnende Wasser. In reiner Form ist der Sinterkalk schneeweiß. Eisen- und Mangansalze, die das Wasser auch ausscheidet, verleihen dem Sinterkalk eine braune bis schwärzliche Farbe. Stalaktiten und Stalagmiten wachsen aufeinander zu und können schließlich zusammenhängende Säulen bilden. In den Tropfsteinhöhlen der Schwäbischen Alb finden sich alle Stadien der Tropfsteinbildung und führen zu einem phantastischen Formenreichtum.

Kalktuff. Bei Quellaustritten kommt es durch Druckverminderung und vermehrte Verdunstung zu Kalkausscheidungen, den sogenannten Kalktuffen. Wohl schönstes Beispiel für Kalktuffbildung beim Quellaustritt auf der Schwäbischen Alb ist der Uracher Wasserfall (s. S. 60). Wenn das Wasser über Hindernisse (Felsen und Pflanzen) hinwegfließt, vergrößert sich die Wasseroberfläche, das bewirkt eine stärkere Verdunstung und ein vermehrtes Entweichen von Kohlensäure, was wiederum die Kalkausscheidung erhöht. In kürzester Zeit überziehen sich Zweige, Blätter, Moose und Gräser mit einer Kalkkruste – ein Vorgang, den man in den meisten Albflüssen beobachten kann. Dieser Kalk ist durch Sand und Ton mehr oder weniger verunreinigt und bekommt durch die organischen Substanzen, die später verwesen bzw. verkalken, eine lockere, tuffartige Struktur. In vielen Albtälern erhöht sich durch diese Kalktuffbildung die Talsohle. Beispiele: Echaz bei Honau um 20 m, Erms oberhalb Urach bis 25 m, dann Eyb, Rohrbach, Zwiefalter Aach, Große Lauter u. a.

Oben links: Mit Kalk verkrustetes Moos. – *Oben rechts:* Tuffbruch im Wiesaztal zwischen Gönningen und Genkingen (Reutlinger Alb). Kalktuffablagerungen haben die Talsohle der Wiesaz um ca. 15 Meter erhöht. *Unten links:* Nebelhöhle. Kalksinter an der Höhlenwand. *Unten rechts:* Nebelhöhle (siehe Seite 70): Stalagmiten.

Karsterscheinungen

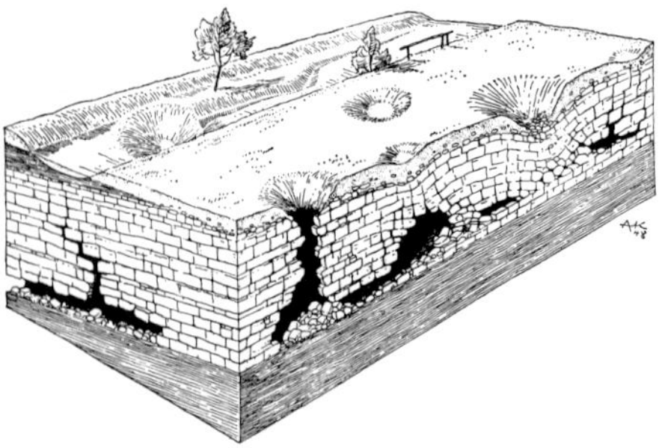

Bild 6. Dolinen- und Höhlenbildung (Aus: Georg Wagner, Einführung in die Erd- und Landschaftsgeschichte, Öhringen 1960)

Karstquellen oder Quelltöpfe. Während der Verkarstung eines Gebietes bildet sich ein immer dichteres und zusammenhängenderes Netz von Wasseradern im Kalk aus. Dieses Entwässerungs- und Kanalsystem bewirkt, daß fast das gesamte Niederschlagswasser innerhalb kürzester Zeit versickert und unterirdisch abfließt, das unterirdische System der Wasserabflüsse immer zusammenhängender und die Einzugsgebiete der Karstquellen dadurch größer werden. Ihre Schüttungsmenge erreicht Werte, die für normale Quellen undenkbar sind. Die Karstquellen der Schwäbischen Alb sind sogenannte Talquellen, die am Sohlenrand eines Flußtales austreten. Wohl schönstes Beispiel ist der auf Seite 52 beschriebene „Blautopf" bei Blaubeuren. Weitere schöne Quelltöpfe: Aachtopf bei Aach, Zwiefaltener Achquelle, Braunachtopf bei Rechtenstein, Lonequelltopf in Urspring, Brenztopf bei Königsbronn, Egertopf bei Bopfingen, Egautopf bei Dischingen, Nautopf bei Langenau u. a.

Periodische Quellen, Hungerbrunnen und Flußversickerungen. Durch die fortschreitende Verkarstung und das damit verbundene Absinken des Karstwasserspiegels in größere Tiefen, kann es passieren, daß ehemalige Quellen über längere Zeiträume hinweg versiegt sind, Flußtäler auf weite Strecken trockenfallen und nur noch periodisch – nach der Schneeschmelze oder in besonders feuchten Jahren – Wasser führen. Solche nur zeitweise fließenden Quellen heißen im Volksmund „Hungerbrunnen". Sehr schöne Beispiele für periodisch wasserführende Flußtäler liefern Lone (s. S. 44) und Donau. Die vom Schwarzwald kommende Donau verliert bei Immendingen so viel Wasser, daß in trockenen Sommern das Flußbett bis nach Tuttlingen trockenfällt. Diese Erscheinung ist als Donauversickerung bekannt. Grund: Der Karstwasserspiegel liegt bei Tuttlingen bis zu 13 Metern, 1 Kilometer südlich der Donau schon bis zu 90 Metern unter dem Donaubett. Das Donauwasser fließt daher durch den verkarsteten Kalk zur Aachquelle ab (Luftlinie nur etwa 12 km). Auf das Trockentalsystem der Albhochfläche kommen wir auf Seite 48 noch zu sprechen.

Oben links: Blick auf das „Hungerbrunnental" (s. S. 48). Bei Hungerbrunnen und Hungerbrunnentälern ist der Karstwasserspiegel so weit abgesunken, daß die Quellen nur noch in besonders feuchten Jahren Wasser führen; eine Erscheinung, die in früheren Jahren Mißernten und damit Hunger und Not signalisierte (Name!). – *Oben rechts:* Wie dünn die Bodenkrume auf der Schwäb. Alb häufig ist, zeigt sehr deutlich dieser mit „Lesesteinen" (Kalkscherben) übersäte Acker. – *Unten links:* Stark verschwammte Kalke aus dem Weißjura β unterhalb der Ruine Oberhohenberg (s. S. 76). Während die Verschwammung in der Westalb schon im Unteren Weißjura einsetzte, zeigen die Schichten gleichen Alters aus der Mittleren Alb (Steinbruch Hörnle s. S. 66) noch eine deutliche Schichtung. Die Verschwammung beginnt hier und in der Ostalb erst im Oberen Weißjura. – *Unten rechts:* Steinbruch Hörnle.

Niederschläge und fließendes Wasser gestalten entscheidend das Gesicht einer Landschaft. Diese „Arbeit“ beginnt schon mit dem einsetzenden Regenguß, der die Bodenkrume nicht nur durchfeuchtet, sondern bei der geringsten Hangneigung auch flächenhaft abspült. Die Abtragung durch Niederschläge heißt Denudation (lat. denudare = abtragen).
Die Erosionskraft fließender Gewässer hängt von drei Faktoren ab: der Wassermenge, der Fließgeschwindigkeit und der Härte des durchflossenen Gesteins.
V- oder Kerbtal. Bei starkem Gefälle erhöht sich die Fließgeschwindigkeit, die Tiefenerosion nimmt zu, und die Seitenerosion tritt etwas in den Hintergrund. Entsprechend groß ist auch die Transportkraft des Flusses. Ist das Gestein, in dem sich der Fluß „linienhaft in die Tiefe“ nagt, hart, so entsteht ein enges Flußtal von schluchtartigem Aussehen, zumindest aber mit sehr steilen Talwänden, weil Abtragung (Denudation) und Verwitterungskräfte in ihrer Wirkung weit hinter der Tiefenerosion zurückbleiben. Als Taltyp entsteht das steile V- oder Kerbtal, dessen Hänge mit abnehmender Gesteinshärte flacher werden.
Kasten- und Sohlental. Auswaschungen am Ufer bewirken eine Änderung der Strömungsgeschwindigkeit im Flußbett. Am Prallhang verlängert sich die Wegstrecke für das Wasser, die Strömungsgeschwindigkeit nimmt zu und damit auch Seiten- und Tiefenerosion. Am Gleithang (gegenüberliegendes Flußufer) verlangsamt sich die Strömung, die Transportkraft nimmt ab, der Fluß lagert das mitgebrachte feste Material ab (Akkumulation) – eine Flußschlinge entsteht. Durch die ständige Verlagerung des Flußbetts nach links und rechts bilden sich in langen Zeiträumen breite Talauen, je nach Gesteinshärte, mit steilen oder flacheren Talhängen, die Kasten- oder Sohlentäler.
Im Albvorland und am Albanstieg finden wir das steile V- oder Kerbtal bzw. Kastental mit steilen Talwänden stets dort, wo der Fluß in hartem Gestein fließt oder wo hartes Gestein die Oberkante des Flußtales bildet. Sohlentäler mit flachen Talhängen treffen wir dagegen in den weicheren Tonen und Mergeln. An dem nach Nordwesten gerichteten Albtrauf haben die Täler der Neckarzuflüsse manchmal schluchtartigen Charakter, weil die wohlgebankten Kalke des Weißjura β und die dickbankigen Quaderkalke des Weißjura δ härter und daher widerstandsfähiger gegen Abtragung und Erosion sind.
Umlaufberg. Durch die Wucht des Aufpralls können sich zwei Prallhänge eines Flusses so weit nähern, daß der Fluß durchbricht und die Flußschlinge abschnürt. Folge: Kürzerer Weg, stärkeres Gefälle, dadurch zunehmende Fließgeschwindigkeit, stärkere Tiefenerosion und damit raschere Eintiefung des neuen Flußbetts. Die abgeschnürte Flußschlinge verlandet: ein Umlaufberg ist entstanden (Bild 3). Beispiele: Lützelberg b. Schelklingen/einstige Donau; fast abgeschnürter Umlaufberg mit Ruine Gundelfingen/Lauter; fast abgeschnürte Flußschlinge b. Blaubeuren (s. Seite 52).
Durchbruchberg. Die Prallhänge zweier Flüsse nähern sich so weit, daß der eine Fluß zum anderen durchbricht (Bild 3). Beispiel: Schelklinger Berg (Durchbruch der Schmiech zur alten Donau).

Oben links: Blick von der Ruine Wildenstein auf den Beinahe-Umlaufberg der Donau unterhalb Beuron. – *Oben rechts:* Blick in das Donautal oberhalb Hausen im Tal. – *Unten links:* Wasserfall an den „Wasserfallschichten“ unterhalb Hausen am Tann (Schlichemtal). – *Unten rechts:* Schlichem bei Hausen am Tann. Man erkennt deutlich die starke Seitenerosion am Prallhang und die Aufschotterung am Gleithang.

Flußanzapfung und geköpfte Täler

Bild 7. Rückschreitende Erosion (Aus: Georg Wagner, Einführung in die Erd- und Landschaftsgeschichte, Öhringen 1960)

Neben der Tiefen- und Seitenerosion gibt es noch die sogenannte rückschreitende Erosion. Sie bewirkt im Quellgebiet das rückwärtige Einschneiden eines Flusses in die Landschaft und arbeitet um so rascher, je stärker das Gefälle ist, d.h. je höher die Quelle über der Erosionsbasis liegt. So haben z.B. die Zuflüsse des Rheins ein stärkeres Gefälle als die der Donau und konnten daher der Donau an vielen Stellen der Schwäbischen Alb buchstäblich das Wasser „abgraben". Ergebnis dieses ungleichen Kampfes: eine Wasserscheide zwischen Rhein und Donau, die schon südlich des Albtraufs verläuft, und Flußanzapfung sowie geköpfte Täler. Eines der berühmtesten Beispiele für eine Flußanzapfung ist die Ur-Aitrach (Donausystem). Ursprünglich ein Nebenfluß der Donau, wurde sie von der aggressiveren Wutach (Rheinsystem) bei Blumberg angezapft und ihr Tal geköpft. Oberlauf und Mittellauf der Ur-Aitrach fließen heute als Wutach zum Rhein, der Unterlauf fließt als heutige Aitrach weiterhin zur Donau. Die auffallende Breite und das geringe Gefälle des Aitrachtals deuten darauf hin, daß hier einmal ein weitaus größerer Fluß sein Bett gegraben hat. Flußgerölle vom Schwarzwald, die man hier gefunden hat, zeugen davon, daß die vom Rhein kommende Wutach die Ur-Aitrach angezapft und das Wasser zum Rhein abgeleitet hat. Auch der Knick, den die Wutach bei Aachdorf macht, deutet auf Anzapfung durch starke rückschreitende Erosion hin. Die Folge war eine sehr starke Gefällzunahme mit starker Tiefenerosion und als Ergebnis die landschaftlich wie geologisch reizvolle und interessante Wutachschlucht. Gute Beispiele aus der Mittleren Alb: die Anzapfung der Lauter (Donau) durch die Echaz (Rhein) und der Lone (Donau) durch die Fils (Rhein) (erkennbar am „Ablenkungsknie" bei Geislingen/Steige). Etwa beim Bahnhof Amstetten befinden wir uns auf dem alten Talboden der Lone, deren Einzugsgebiet einmal mindestens bis Plochingen gereicht hat. Reste des alten Flußnetzes sind noch im oberen Fils- und Eybgebiet zu erkennen. Das Tal der Ur-Eyb (Donau) – hoch über der Talsohle der Donzdorfer Lauter liegend – läßt sich von Treffelhausen bis zum Furtlepaß (Segelfluggelände „Hornberg") verfolgen. Die Ur-Brenz schließlich muß mit ihrem Einzugsgebiet einmal bis in die heutigen Einzugsgebiete von Kocher, Rems und Murr (Rhein) gereicht haben. Auffallend ist gerade in diesem Gebiet, daß viele Wasserläufe erst in Richtung Brenz fließen, bis sie von den nach Norden fließenden Neckarzuflüssen (Kocher und Bühler) aufgenommen werden.

Oben links: Blick vom Traifelberg auf den Talschluß der Echaz. Links der alte Talboden der Lauter, vorn der tiefe Einschnitt zum Echaztobel rechts. – *Oben rechts:* Blick vom Breitenstein auf den Talschluß der Echaz. Das tief eingeschnittene Echaztal zeugt von der gewaltigen Erosionskraft des Rheinsystems. Im Hintergrund der alte Talboden der Lauter (s. S. 38). – *Unten links:* Blick vom Furtlepaß (Hornberg) in das Tal der Donzdorfer Lauter mit Degenfeld. Im Hintergrund der alte Talboden der Ur-Eyb bei Treffelhausen. – *Unten rechts:* Blick vom Römerstein auf den von der Lenninger Lauter zerschnittenen Nordrand der Albtafel.

Das Schichtstufenland

Ein Schichtstufenland entsteht unter folgenden Voraussetzungen:
Bei Wechsellagerung von harten (widerstandsfähigen) und weichen (leichter abzutragenden) Gesteinsschichten.
Durch tektonische Vorgänge, bei denen die Gesteine gehoben und gleichzeitig aus ihrer „normalen", das heißt waagrechten Lagerung gekippt werden. Die härteren Schichten widerstehen der Verwitterung und Abtragung mehr und werden so als Stufenkante herauspräpariert. Die weicheren Gesteine dagegen werden leichter abgetragen und bilden Verebnungen (die Stufenflächen) sowie die mehr oder weniger stark geböschten Anstiege zur nächsten Schichtstufe.
Im Süddeutschen Raum kam es während der gesamten Trias zu einer Wechsellagerung von harten und weichen Gesteinen, die sich durch die gesamte Juraformation hindurch fortsetzte. Außerdem wurde das Gebiet während der Kreide- und Tertiärzeit gehoben und so gekippt, daß die Schichten heute von Nordwesten nach Südosten einfallen.
Eine Wanderung vom Schwarzwald in südöstlicher Richtung führt uns deshalb durch geologisch immer jüngere Schichten und durch die vier großen Treppenstufen des Schwäbisch-Fränkischen Schichtstufenlandes mit ihrem nach Nordwesten gerichteten Steilabfall und ihren sanft nach Südosten einfallenden Stufenflächen (von unten nach oben):
Der Stufenrand des Buntsandsteins von (Nord-)Schwarzwald und Odenwald.
Der Stufenrand des Muschelkalks, der den Gäulandschaften vorgelagert ist.
Der Stufenrand des Keupers. Das sind die über die fruchtbaren Ebenen der Gäulandschaften aufragenden Waldberge.
Die Schichtstufen des Jura, mit denen wir uns hier näher beschäftigen wollen: Die erste Schichtstufe im Jura bilden die Sandsteine und Kalke (Psilonotenschichten, Angulatensandstein und Arieten-Kalk) des Lias α. Landschaftlich unterscheidet sie sich von den meist bewaldeten Keuperbergen durch die weiten Ackerfluren, die für das Albvorland charakteristisch sind. Mit der Filderebene bei Stuttgart reicht das Albvorland am weitesten nach Nordwesten. Die Tone und Mergel von Lias β, γ und δ leisten den Verwitterungs- und Abtragungskräften gegenüber wenig Widerstand und treten daher als Stufenbildner nicht in Erscheinung. Die zweite Stufenplatte im Albvorland (sogenannte Ölschieferebene) bilden die Posidonienschiefer des Lias ε. Die dritte Stufe liegt im Bereich der Albvorberge und des Albanstiegs. Sie wird vom Braunen Jura gebildet. Hier herrschen im Gegensatz zu den Ackerfluren der Liasebene Wälder und Wiesen vor. Der Albanstieg mit seinem unruhigen, kuppigen und waldreichen Gelände beginnt unten mit den Opalinustonen, die bis 130 m mächtig sein können. Die Deckplatte, das „Dach", der Braunjurastufe bilden die Eisen- oder Personatensandsteine des Braunjura β. Sie können auf der Ostalb bis zu 50 m mächtig werden und dort auch eine stattliche Breite erreichen. Wohl das schönste Beispiel ist die gewaltige Platte des Rehgebirges mit dem Aasrücken, dem als Vorberge Hohenstaufen, Rechberg und Stuifen aufsitzen. – Auf der Reutlinger und Hechinger Alb lösen die Blaukalke des Braunjura γ den Eisensandstein als Stufenbildner ab (die Achalm steht z. B. auf einer Blaukalkplatte). Noch weiter südwestlich (Gosheim) bilden die Eisenoolithe des Braunjura δ die Steilkante.

Oben: Blick vom Lemberg auf Gosheim und das geköpfte Bäratal (s. S. 76). – *Mitte:* Blick vom Roßberg auf die durch das Rheinsystem stark zerschnittene Stufe des Weißjura β. Gut zu erkennen ist am linken Bildrand der einsetzende „Zweite Felsenkranz" der Alb (Weißjura δ). – *Unten:* Blick vom Rechberg auf das Albvorland zwischen Waldstetten und Heubach (Ostalbkreis) und den Albtrauf mit Hornberg, Bargauer Horn und Scheuelberg.

Sehr deutlich ausgeprägt ist die erste Schichtstufe im Weißen Jura, die der Weißjura β mit seinen wohlgebankten Kalken bildet. Bedingt durch das von Südwesten nach Nordosten gerichtete Schichtfallen bilden die Beta-Kalke auf der Westalb die Kante des Albtraufs (Dreifaltigkeitsberg, Lemberg, Oberhohenberg, Plettenberg). Durch starke Verschwammung (Schwammkolonien im Jurameer), die hier schon im Unteren Weißjura einsetzt, finden sich zum Beispiel in den Balinger Bergen senkrecht abfallende Riffklötze, die das Bild der Landschaft beherrschen (Lochenstein, Gräbelesberg, Böllat u. a.).
Im Bereich der Mittleren und der Ostalb verschmälert sich die durch die Beta-Kalke gebildete Steilstufe und bildet nur noch schmale Terrassen oder wird sogar Teil des „Zweiten Felsenkranzes" der Alb, dessen wiederum scharfe Kante von den dickbankigen Quaderkalken des Weißjura δ gebildet wird. Das jetzt gehäufte Auftreten der widerstandsfähigen Schwammriffe und die durch chemische Umsetzung bedingte Entstehung von Dolomit und grobkristallinem Kalk führen auch hier zu senkrecht abfallenden Felswänden und weit vorspringenden Felsbastionen. Lichtenstein, Hohenurach, Hohenneuffen, Beurener Fels, Baßgeige, Teck, Reußen- und Helfenstein sowie der Rosenstein – um nur ein paar Beispiele zu nennen – werden von den Quaderkalken des Weißjura δ gebildet.

Die Albhochfläche

Auf der Albhochfläche unterscheiden wir drei stark voneinander abweichende Landformen: die Schichtflächenalb im Südwesten, die Kuppenalb im Bereich von Mittlerer und Ostalb sowie die donauseitige (südliche) Flächenalb.
Die *Schichtflächenalb* ist eine von breiten Trockentalwannen durchzogene, wellige Hochebene, mit wohlgebankten Kalken (Weißjura β) und darüberlagernden Gammamergeln im Untergrund. Die *Kuppenalb* ist ein Hügelland mit zahllosen Buckeln, Bergen und Kuppen von durchschnittlich 60–80 m Höhe. Sie besteht aus den völlig verkarsteten Massenkalken. Die Berge und Buckel sind Schwammriffe. Dazwischen findet sich ein weit verzweigtes System von Trockentälern, Überreste eines dichten Gewässernetzes ehemaliger Donauzuflüsse. Sie entstanden, als dieses Gebiet noch Tieflandcharakter hatte. Nach der Hebung am Ende des Tertiärs und der damit verbundenen immer weiter fortschreitenden Verkarstung, senkte sich der Karstwasserspiegel, die meisten Donauzuflüsse verloren ihr Wasser und wurden zu Trockentälern. Auf der südlichen *Flächenalb* stehen Molasse sowie tertiäre und diluviale Verwitterungslehme an. Im Vergleich zu der abwechslungsreichen Kuppenalb wirkt sie geradezu eintönig durch die ausgedehnten Ackerflächen, die nur von wenigen schluchtartig eingeschnittenen Flußtälern durchzogen werden.

Oben links: Blick vom Kornbühl auf das Hügelland der Kuppenalb. Die etwa 60–80 m hohen Kuppen werden von Schwammriffen gebildet. Zwischen ihnen findet sich ein weit verzweigtes System von Trockentälern. – *Oben rechts:* Altheim. Blick vom Kliff auf die südliche Flächenalb mit ihren im Vergleich zur Formenvielfalt der Kuppenalb eintönigen Ackerflächen. Der Untergrund besteht aus Molasse und tertiären und diluvialen Verwitterungslehmen. – *Unten links:* Kornbühl mit Salmendinger Kapelle. Über den breiten Ackerfluren der Weißjura β-Schichtfläche erhebt sich der Kornbühl (887 m) als stehengebliebene Kuppe aus Weißjura γ und δ. – *Unten rechts:* Blick von Südwesten auf Aasrücken (Braunjura β) und Rechberg (Zeugenberg mit Weißjura δ-Auflage.).

Die Albvorberge

Der besondere Reiz der Schwäbischen Alb entsteht nicht zuletzt durch die zahlreichen Vorberge, die der Albtafel vorgelagert sind. Man unterscheidet zwei Gruppen: sogenannte Zeugenberge und erloschene Gasvulkane. Die Zeugenberge waren vor langer Zeit ein Teil der Juratafel und blieben als Überreste stehen, als der Neckar mit seinen rechten Nebenflüssen durch rückschreitende Erosion den Albrand von Westen und Nordwesten her annagte und zurückdrängte. Fast alle tragen sie eine Kuppe aus Weißjura β-Kalken (Buchberg, Eichberg, Fürstenberg, Lupfen, Hohenkarpfen, Schafberg, Lochenstein, Hohenzollern, Farrenberg, Achalm, Hohenstaufen, Rechberg, Hesselberg u. a.) und sind somit Zeugen der einstigen Albhochfläche.
Die andere Gruppe sind meist kegelförmig geformte Vorberge vor der Uracher und Kirchheimer Alb. Die kleineren nennt man Bühle(n) oder Bölle(n). Sie sind die Überreste eines tertiären Vulkanismus. Typisch für die Schwäbische Alb sind die Gasvulkane. In Süddeutschland fällt die von Westen nach Osten zu beobachtende Abnahme von Lavaaustritten auf. Während im Bereich des Kaiserstuhls Lavaströme von mehreren hundert Metern Länge vorkommen, kam es im Bereich der Uracher-Kirchheimer Alb nirgends zu größeren Austritten vulkanischen Materials aus den Schloten. Hier drangen nur Gase unter starkem Druck an die Oberfläche und erweiterten dabei die Spalten und Klüfte der Deckgesteine zu Durchschlagslöchern. Die Trümmer der durchschlagenen Gesteine fielen zum größten Teil in den Schlot zurück und verstopften ihn zusammen mit dem durch den hohen Gasdruck zu vulkanischer Asche zerblasenen Glutflußgestein. Diese mit Trümmergesteinen durchsetzten „vulkanischen Tuffe" bilden das Füllmaterial der über 250 heute bekannten Vulkanschlote der Schwäbischen Alb. Basalte findet man relativ selten an der Oberfläche (es handelt sich vorwiegend um sogenannten Olivin-Melilith-Basalt, Ankaratrit genannt).
Beim Zurückweichen des Albtraufs wurde das widerstandsfähigere Schlotmaterial langsamer abgetragen als das umgebende Juragestein. Die Folge dieser Reliefumkehr sind Kegelberge, mit einer Tuffröhre im Kern und Sedimentgesteinen an den Bergflanken. Je nach Größe bezeichnet man sie als Bühle, Bölle oder Albvorberge. Auf den ersten Blick täuschen sie einen Schichtvulkan vor. Solche vulkanischen Pfropfenberge sind unter anderem der Wartenberg bei Geisingen, der Georgenberg bei Pfullingen, der Metzinger Weinberg, der Hofbühl, der Jusi, der Floriansberg und Grafenberg, die Limburg bei Weilheim, der Aichelberg und der Turmberg bei Boll.
Auf der Albhochfläche bilden die Schlote heute nur noch flachere Mulden, sogenannte Maare, die früher begehrte Siedlungsplätze waren. Denn über ihrem wasserundurchlässigen Untergrund (verhärteter Tuff) sammelt sich das auf der wasserarmen Albhochfläche so kostbare Grundwasser. Die bekanntesten Maare sind: das Randecker Maar (siehe Seite 54) und die Maare von Seeburg, Zainingen, Donnstetten, Hülben, Böhringen.

Oben links: Blick über das Randecker Maar und den Einschnitt des Zipfelbachtales auf die Limburg bei Weilheim. Beide – Maar und vulkanischer „Pfropfenberg" – sind gleichen Ursprungs. – *Oben rechts:* Blick von Norden auf die Limburg bei Weilheim und den Albtrauf der Kirchheimer Alb. – *Unten links:* Basalttuff vom Hochbohl (Teck). – *Unten rechts:* Der Engelberg bei Beuren (Kr. Eßlingen), einer der zahlreichen Bölle im Bereich der Uracher-Kirchheimer Alb. Im Vordergrund vulkanische Tuffe an der Abzweigung der Straße nach Erkenbrechtsweiler.

Sehr viele Albsteigen haben auf der Bergseite gute bis sehr gute Aufschlüsse im Oberen Jura. In einer Kombination von PKW-Fahrt und Wanderungen wollen wir uns den Weißen Jura an der Hochwanger Steige, der Grabenstetten-Gutenberger Steige und an der Gutenberger-Steige erarbeiten.

Die Hochwanger Steige. Wir verlassen die B 465 in der Ortsmitte Unterlenningen in Richtung Hochwang/Erkenbrechtsweiler. Unmittelbar hinter dem Ortsschild erhebt sich rechts der Vulkanberg der Sulzburg. Die bis zum Waldrand am Ende der scharfen Linkskurve sich hinziehenden Baumwiesen liegen auf dem gewaltigen Schuttfuß des höheren Weißjura, unter dem auch die Impressa-Mergel des Weißjura α begraben sind. Der erste Aufschluß liegt in einer leichten Rechtskurve und erschließt die unteren Schichten von Weißjura β. Auffallend sind hier die starke senkrechte Klüftung, die dünne Bodenkrume über dem anstehenden Fels und die Auswirkungen der Wurzelsprengung. Etwa 100 m weiter befindet sich eine günstige Parkmöglichkeit gegenüber einem sehr schönen Aufschluß in den β-Kalken. Gut zu erkennen ist ein deutliches Schichtfallen und der für die β-Stufe charakteristische Wechsel zwischen weißen, meist etwas tonhaltigen Kalken und den dünnen Mergel- und Tonlagen. Die starke senkrechte Klüftung verstärkt den mauerartigen Eindruck. Zwischen diesen beiden Aufschlüssen liegt ein Hangrutsch in den γ-Tonen mit deutlich sichtbarer Abrißkante am Waldrand, unter dem die β-Kalke an dieser Stelle begraben wurden. Eine weitere Parkmöglichkeit bietet sich etwas weiter oben an der scharfen, ins Schmaltal hineinführenden Rechtskurve. Aufgeschlossen sind hier Bänke von Kalkmergeln und die harten, wohlgeschichteten Kalke des „Felsengamma". Gute Aufschlüsse im „Felsengamma", die praktisch übergangslos vom Weißjura δ abgelöst werden, schließen sich die Straße aufwärts an. Vom Parkplatz am oberen Ende des Schmaltales haben wir einen guten Blick auf die ungeschichteten Felsenkalke des Weißjura δ, die hier die Kante des Albtraufs bilden. Hier fallen besonders die starke Klüftung, die deutlichen Verkarstungserscheinungen und die durch Eisenoxid verfärbten Schichtflächen auf. Empfehlenswert ist eine Wanderung zum *Kammfelsen,* der in etwa 20 Minuten auf bequemen Wanderwegen zu erreichen ist. Dazu überqueren wir die Straße an der oberen Ausfahrt des Parkplatzes, folgen dem Trampelpfad durch das Buschwerk am Straßenrand, biegen dahinter scharf rechts ab und bleiben nun auf dem Fußpfad, der unmittelbar am Trauf entlang zum Kammfelsen führt. Von den Felsvorsprüngen am Wanderweg bieten sich schöne Ausblicke auf das v-förmig eingeschnittene Schmaltal. Doch die herrlichste Aussicht haben wir vom Kammfelsen aus: zu unseren Füßen das tief eingeschnittene Tal der Lenninger Lauter mit dem eindrucksvollen und rechts gut erkennbaren Talschluß bei Gutenberg. Uns gegenüber die Weißjura δ-Bastionen von Hohgreutfels, Wielandstein, Mittagsfels und Teck und über Oberlenningen und das Tobeltal hinweg die bewaldeten Kuppen der Albhochfläche. Karte: Blatt L 7522 Urach.

Oben links: Kalkbänke des „Felsengamma" werden hier an der Hochwanger Steige vom Weißjura δ abgelöst. *Oben rechts:* Aufschluß des „Felsengamma" (Weißjura γ) an der Hochwanger Steige. – *Unten links:* Blick auf den Albtrauf mit Weißjura δ-Massenkalken. – *Unten rechts:* Blick vom Kammfelsen auf Oberlenningen und die Wielandsteine. Im Hintergrund die bewaldeten Kuppen der Albhochfläche.

Die Steige von Grabenstetten nach Gutenberg. Vom Parkplatz Schmaltal fahren wir über Hochwang-Erkenbrechtsweiler bis zum „Burrenhof", hier halten wir uns links in Richtung Grabenstetten und fahren von dort in Richtung Gutenberg. Wir parken auf der aufgeschütteten Fläche rechts der Straße, gehen die Straße entlang zum Steinbruch der Firma Moeck und sehen dabei schon überall die Felsenkalke des Weißjura δ aufgeschlossen. Im unteren Teil des Steinbruchs (ganz rechts) sind die Schichten des Unteren Weißjura δ aufgeschlossen; im großen Steinbruch selbst finden wir unten die dicken, glatten Bänke der Felsenkalke mit dazwischengeschalteten dünnen Mergellagen, wobei der geschichtete Charakter nach oben zunehmend verlorengeht. Statt glatt und marmorähnlich erscheinen die Kalke jetzt mehr bröckelig und löcherig. Auffallend sind die tiefen, breiten Spalten, die mit rotbraunem Verwitterungslehm und darin eingeschlossenen Bohnerzen gefüllt sind. Man findet sie häufig auf der rechten Seite des oberen Steinbruchs am Fuße der Felswand (Vorsicht!). Die Bohnerze mit den roten Verwitterungslehmen zusammen beweisen, daß im Tertiär auf der Alb ein Klima ähnlich dem der heutigen Mittelmeerländer und der Tropen geherrscht hat. Bei der Weiterfahrt nach Gutenberg fallen links immer wieder kleinere Aufschlüsse im β-Kalk auf.

Steige von Gutenberg nach Donnstetten (B 465). Kurz nach dem Ortsende von Gutenberg und etwas später nach der scharfen Rechtskurve oberhalb der Baumwiesen zeigen mehrere schöne Aufschlüsse den Weißjura β. Eigentliche Attraktion dieser Steige aber ist der sogenannte Kontaktaufschluß bei Gutenberg, eine Basalttuffröhre in den wohlgebankten Kalken. In den dunklen Tuffen sind viele Trümmergesteine aus dem Unteren Weißjura eingeschlossen. Gesteinsmaterial aus dem Oberen Weißjura fehlt hier, ein Zeichen, daß das Gestein nicht durchschossen wurde und die Tuffe auf den schon vorhandenen Klüften langsam aufstiegen. Wir erreichen diesen Aufschluß von der oben erwähnten scharfen Rechtskurve aus (gute Parkmöglichkeit auf der linken Seite für 1 PKW), wenn wir etwa 40 Meter die Straße zurückgehen.

Zur *Lauterquelle,* dem nächsten interessanten Punkt an dieser Steige, fahren wir etwa 400 Meter weiter hoch und parken auf dem breiten Bankett in der scharfen Rechtskurve. Wir überqueren die Straße und folgen dem Wanderweg (Hinweisschild „Pfulb") in das tief und schluchtartig eingeschnittene Tal der Lauterquelle. Der Wanderweg führt über einen gewaltigen Schuttfuß, der unterhalb der Massenkalke beginnt. Abfließende Niederschlagswässer haben hier tiefe, v-förmige Einschnitte gegraben. Bei der Ruhebank beginnt der anstehende Fels, stark verschwammter Weißjura δ mit kaum erkennbarer Schichtung. Oben am Trauf blicken wir in das breite Trockental eines ehemaligen Donauzuflusses, der von der Lenninger Lauter geköpft wurde. Nun halten wir uns scharf rechts in der Nähe des Traufs, gehen auf dem kaum sichtbaren Trampelpfad bis zu einem vorspringenden Massenkalkfelsen (Gute Aussicht, Vorsicht!), steigen zwischen Waldrand und Fichtenschonung zur Straße auf, wandern nach rechts bis zur Kreuzung und dann weiter in Richtung Gutenberg. Bei dem ersten, die Linkskurve signalisierenden Pfeil steigen wir am Waldrand entlang ab. Etwa 20 m von der Straße entfernt, führt ein schmaler Fußpfad nach rechts hinunter zur Straße. Vorbei an den Massenkalkfelsen erreichen wir nach ca. 700 m unseren Ausgangspunkt. Karte: Blatt L 7522 Urach.

Oben links: Steinbruch Moeck an der Straße nach Grabenstetten (Aufschluß der Felsenkalke von Weißjura δ). – *Oben rechts:* Der Kontaktaufschluß bei Gutenberg (Basalttuff mit Trümmergestein aus dem Unteren Weißjura). – *Unten links:* Talschluß der Lauter. – *Unten rechts:* Breites Trockental eines ehemaligen Donauzuflusses oberhalb Gutenberg.

Das Einzugsgebiet der Brenz reichte vor Jahrmillionen erheblich weiter nach Norden als heute. Das beweisen Schotterfunde aus dem Keuper im Bereich der heutigen Brenz sowie der Verlauf der seitlichen Zuflüsse zum heutigen Kocher. Daß die Brenz einmal ein größerer Fluß war, zeigen auch die weiten Täler mit den großen Schlingen und Umlaufbergen. Ab dem jüngeren Tertiär verlor die Brenz nach und nach Oberlauf und obere Zuflüsse an den Neckar. Die Wasserscheide von Neckar und Brenz (Europäische Hauptwasserscheide) liegt heute zwischen Oberkochen und Königsbronn mitten im Tal der Ur-Brenz. Zu den Seitentälern der Brenz gehörten und gehören das Lonetal sowie das Wental. Der Unterlauf des Ur-Wentals bildet eine flache Talwanne von Lauterburg bis Steinheim. Hier hat fließendes Wasser vor der Verkarstung (heute ist das Wental geköpft und trocken) aus dem Weißjura ε ein Tal ausgeräumt. Es ist mit zahlreichen Dolomitfelsen übersät, die in bauchig gerundeten Formen verwittern.
Anders im Eselsburger Tal, einer noch heute von der Brenz durchflossenen gewaltigen Talschlinge. Die Brenz schnitt sich hier in die harten Massenkalke des Weißjura ε ein und bildete ein enges, felsgesäumtes Tal, dessen Felsblöcke zackig verwittern.

Wental
Parkplatz Wentalgasthof an der Straße Bartholomä – Steinheim, Kreis Heidenheim. Von hier aus gehen kleine Wanderwege nach Norden (ca. 1 km) zum „Felsenmeer" und zum „Hexenloch" (Doline) sowie nach Süden (ca. 2 km) zum „Wentalweible". An den vielen Dolomitfelsblöcken kann man oft noch die Spuren des fließenden Wassers erkennen. An Sonn- und Feiertagen ist das Wental sehr stark besucht.

Eselsburger Tal
Parkgelegenheit am südlichen Ortsende von Herbrechtingen beim Hallenbad. Direkt am Hallenbad wandern wir in südlicher Richtung hangaufwärts (roter Dreiblock). Vom oberen Waldrand aus blicken wir rückwärts über den Verlauf des Brenztals. Links kommt die Brenz aus Richtung Heidenheim – Mergelstetten (Zementwerk), umfließt die Schlinge in unserem Rücken, erscheint rechts wieder und fließt in scharfem Knick nach Osten ab. Die Schlinge ist vor uns schon fast abgeschnürt; ein Teil des Brenzwassers fließt bereits unterirdisch diesen kürzeren Weg. Wir gehen auf gut bezeichnetem Weg (roter Dreiblock) an der Hangkante entlang bis zur Schutzhütte. Hier schöner Blick über das Tal. Unter uns der felsige Prallhang, gegenüber der flachere Gleithang. Beim Weiterwandern queren wir einen gewaltigen Wall aus der Hallstattzeit, gehen hier geradeaus, nach 100 m links ab und dann hangabwärts nach *Eselsburg*. Im Ort wählen wir die Straße links bergauf und steigen bei den letzten Häusern links auf die Felspartie mit Ruine (die Felspartien hier zeigen deutliche Erosionsspuren des fließenden Wassers). Wir wandern dann nach Norden am oberen Rand des Talhangs entlang und steigen am nächsten Sporn auf das kleine Sträßchen hinab. Es führt uns an der Felspartie der „Steinernen Jungfrauen" und an einem Aufschluß von Bankkalken vorbei wieder nach Herbrechtingen. Karte: Blatt L 7326 Heidenheim.

Oben links: Das „Felsenmeer" im Wental. – *Oben rechts:* Felspartien im Eselsburger Tal mit Erosionsspuren von fließendem Wasser. – *Unten links:* Die „Steinernen Jungfrauen" (Weißjura ε) im Eselsburger Tal. – *Unten rechts:* Blick ins Brenztal unterhalb Eselsburg.

Das Steinheimer Becken

Am Ostrand der Schwäbischen Alb finden sich zwei annähernd kreisrunde Einsenkungen: das Ries und das Steinheimer Becken. Das Ries bei Nördlingen hat einen Durchmesser von etwa 24 km, das Steinheimer Becken westlich von Heidenheim nur rund 3,5 km. Beide Vertiefungen sind vor knapp 15 Millionen Jahren durch Meteoreinschläge entstanden. Dabei wurde im Steinheimer Becken das geschichtete Juragestein herausgeschleudert beziehungsweise an den Rand geschoben. Ein großer Teil der Gesteinstrümmer fiel in den Krater zurück und bildete hier die sogenannte Brekzie, außerdem quoll im Zentrum des Kraters tieferliegendes Juragestein nach oben, es entstand ein Zentralhügel. Im Krater bildete sich schon bald ein See, in dem sich mächtige kalkreiche fossilführende Schichten absetzten. Im weiteren Verlauf wurde der See im Norden vom ehemaligen Hirschtal und im Süden vom Stubental angeschnitten. Die Seeablagerungen wurden von den Wasserläufen dieser beiden Täler weitgehend ausgeräumt, so daß der Krater heute wieder in seiner ursprünglichen Form zu erkennen ist.
Wir beginnen unsere Wanderung beim Friedhof in Steinheim (an der Straße Richtung – Gerstetten), gehen links am Friedhof vorbei und dann hangaufwärts. Rechts unter uns in der Sandgrube sind die bekannten Steinheimer Schneckensande aufgeschlossen, sehr fossilreiche „Warmwasser-Schichten“ der Seeablagerungen. Links am Hang erkennen wir Gesteinstrümmer aus verschiedenen Schichten des Jura. Vom Kriegerdenkmal aus gehen wir etwa 50 m nach Osten zum Teersträßchen, dem wir nach rechts folgen. Wo es bergab führt, biegen wir links ab und wandern an der Hangkante entlang. An einer Hülbe und später einem Weißjura-Felsblock vorbei, erreichen wir eine Pferdekoppel, hinter der wir nach rechts bergab gehen. Das Teersträßchen führt uns nach halblinks sanft bergauf zum baumbestandenen Knillberg. Von hier aus sehen wir rückwärts den Krater, dessen rechter Rand vom Hirschtal abgeschnitten ist. Rechts unter uns kreuzt die Straße den Rest des Trichterrands. Auf der anderen Seite des Knillbergs sehen wir ins Stubental hinunter, das ebenfalls einen Teil des Trichterrands abgeräumt hat. Auf der Höhe zwischen Stubental und Krater gehen wir nach rechts (Westen) weiter. Am Hang zum Stubental finden sich schöne Aufschlüsse mit Kalkschichten, die sich beim Einschlag schräg stellten. Wir folgen dem *geologischen Pfad* bis zum Burgstall, einer Erhebung links oberhalb von Sontheim. Von hier aus steigen wir hinab nach Sontheim, wo uns ein *Steinbruch* die schräg liegenden und vielfach zertrümmerten Gesteinsschollen des Kraterrands zeigt.
In Sontheim befindet sich ein Meteorkratermuseum, das 1978 eröffnet wurde. Im Ort wandern wir Richtung Steinheim, biegen am Ortsende in das letzte Seitensträßchen links ein und folgen ihm bis zum Waldrand. Hier wenden wir uns nach rechts, dann bei den Grabhügeln im Gewann 4/2 nach links und etwa 20 m weiter halbrechts kommen wir auf den kleinen Waldweg Nr. 1. Er führt uns am Kraterrand entlang, der von kleinen Trockentälern ausgefranst ist. Wir erreichen schließlich einen Schotterweg, der uns nach halbrechts aus dem Wald hinausführt. Dort wo der Asphaltbelag beginnt, gehen wir nach links wieder in den Wald hinein, queren den Trimmpfad, und nach Verlassen des Waldes sehen wir rechts vor uns das Hirschtal. Etwa 100 m nach dem Wald folgen wir dem Schotterweg rechts abwärts. Bei der Einmündung des Wentals in das Hirschtal (heute Trockentäler) erreichen wir die Straße, überqueren sie und stoßen auf einen Aufschluß an der Grenze von Weißjura ε/ζ. Der Fußweg neben der Straße führt uns in Richtung Osten nach Steinheim zurück.
Karte: Blatt L 7326 Heidenheim.

Oben links: Blick ins Stubental. – *Oben rechts:* Steinbruch Burgstall bei Sontheim. – *Unten links:* Schrägstehende, vielfach zertrümmerte Gesteinsscholle. – *Unten rechts:* Weißjura ζ am Kraterrand zum Stubental.

Am Lonetal, einem der interessantesten Täler der Schwäbischen Alb, läßt sich gut die Geschichte der Albgewässer und ihrer Täler studieren. Der Talzug erstreckt sich über 45 km quer durch die östliche Alb vom Bahnhof Amstetten (oberhalb Geislingen) bis zur Brenz. In seiner ganzen Länge finden sich ausgeprägte Talmäander mit großen Schlingen, die unmöglich von dem kleinen Bach der heutigen Lone stammen können. Nach der Weite dieser Schlingen muß das obere Lonetal um Amstetten-Urspring durch einen Fluß von der Stärke des oberen Neckar geformt worden sein. Die Lone muß demnach einmal weit über den heutigen Albrand nach Norden gereicht und das gesamte Flußgebiet der Fils zur Lone hin entwässert haben. Heute sind diese Gewässer durch die stärkere Erosion zum Rhein hin „umgedreht". Der Oberlauf des Lonetals ist geköpft. Die Verkarstung der Albhochfläche tat ein übriges: Ein großer Teil des Oberflächenwassers der heutigen Lone versickert, die Lone wird allmählich zum Trockental. Im obersten Teil zwischen Amstetten und Urspring ist dies bereits geschehen, auch die meisten Seitentäler der Lone liegen trocken. Im Mittel- und Unterlauf zwischen Bernstadt und Lontal versickert ein Teil des Wassers, in trockenen Sommern ist das Lonetal auch hier Trockental.

Rund um Lonequelle und oberes Lonetal
Wir parken in Urspring (an der B 10 zwischen Geislingen und Ulm) in der Nähe der *Lonequelle,* die sich mitten im Ort direkt neben der Bundesstraße befindet. Der Quelltopf, eine Karstquelle, liegt im Massenkalk des Weißjura δ und bezieht sein Wasser vor allem aus der Gegend um Nellingen. Beim Bahnhof unterqueren wir die Bahnlinie und gehen hinter dem Bahnhofsgebäude den Weg schräg rechts hangaufwärts. Bald nach dem Wegknick sehen wir rechts den Grundriß eines großen römischen Kastells. Von hier aus sehen wir rechts in das Trockental der oberen Ur-Lone, vor uns liegt Urspring mit der Lonequelle, die Lone fließt nach links ab. Gegenüber der Hägelesberg, der einzige Umlaufberg im Lonetal, sein Umfang gibt uns einen guten Eindruck von der Größe der Ur-Lone.
Weiter hangaufwärts erreichen wir ca. 50 m hinter dem Kastell die Höhe, wenden uns hier rechts und folgen dem Albvereinszeichen gelber Rhombus auf teilweise schmalem Pfad Richtung Lonsee ins Tal, queren noch ein Seitental (Trockental) und gehen dann am Wacholderheidehang entlang in den Ort Lonsee. Dort lohnt sich ein Abstecher nach links über die Straße zu einem Aufschluß für Kalkmehlgewinnung im Massenkalk Weißjura δ und ε (Fundmöglichkeit für Versteinerungen). – Am Bahnhof überqueren wir die Bahnlinie, gehen die Hauptstraße im Ort nach rechts und am Ortsausgang hinter der Brücke den Weg links hangaufwärts auf die Höhe, nicht in den Wald. Oben wandern wir nach rechts am Waldrand entlang bis zum Parkplatz an der Bundesstraße und hier den Einschnitt rechts hangabwärts. Nach Verlassen des Waldes bietet sich ein schöner Blick auf die alte Loneschleife. Vor uns der Umlaufberg der Ur-Lone, die einmal von links kam und deren Talboden rund 30 m höher liegt als das heutige Flußbett. Weiter bergab kommen wir zum Ausgangspunkt Urspring zurück. Karte: Blatt L 7524 Blaubeuren.

Oben links: Die Lonequelle in Urspring. – *Oben rechts:* Talschleife der Ur-Lone westlich Urspring. – *Unten links:* Steinbruch bei Lonsee (Weißjura δ und ε). – *Unten rechts:* Das Lonetal bei Bernstadt.

Im mittleren Lonetal
Vom Wanderparkplatz beim Sportplatz Bernstadt (westlich Langenau) gehen wir zum Kinderspielplatz und von dessen linkem hinteren Ende hinab ins Lonetal. Führt die Lone kein Wasser, gehen wir flußaufwärts bis zur nächsten Brücke und auf der anderen Seite zurück. In diesem Abschnitt *versickerte die Lone* früher fast jeden Sommer. 1973 wurde sie reguliert, begradigt und ausgedohlt. Seither versickert sie nur noch in besonders trockenen Zeiten vollständig.
Ein schöner Wanderweg führt uns von der Straße ca. 2 km loneabwärts zum nächsten Querweg. Hier überqueren wir die Lone, lassen hinter der Brücke einen felsigen Sporn (Weißjura ε), einige Meter flußabwärts den „Salzbühl" (Fels im Weißjura ε) links liegen und gehen rechts loneaufwärts bis zum Waldrand, dann links am Waldrand entlang aufwärts Richtung Bernstadt. Unterwegs haben wir links einen sehr schönen Blick in ein weites Trockental, das früher zur Lone entwässerte.

Im unteren Lonetal
Vom Parkplatz Charlottenhöhle bei Hürben (Kr. Heidenheim) steigen wir zur *Charlottenhöhle* auf, einer 532 m langen Schauhöhle (geöffnet IV–IX). Durch diese Höhle floß vermutlich einmal das Karstwasser, das ursprünglich von den Trockentälern westlich der Höhle absickerte. Je mehr sich aber die Brenz eingrub (das heutige Hürbetal war ursprünglich eine Schlinge des Brenztals), um so tiefer sank der Karstwasserspiegel, die Höhle fiel trocken. Charakteristisch für die Charlottenhöhle sind lange gerade oder gewinkelte Gangstrecken entlang eines Kluftsystems.
Draußen folgen wir einige Minuten dem roten Dreieck nach rechts hangaufwärts bis zur Wegkreuzung. Hier machen wir einen Abstecher auf dem Waldweg geradeaus, bis nach etwa 800 m ein geschottertes Waldsträßchen kreuzt, das hier eine flache Bodenvertiefung quert. Diese Vertiefung ist ein Trockental mit einer ganzen Reihe von *Dolinen,* die früher zur Charlottenhöhle entwässerten. – Wir gehen zur Wegkreuzung zurück und folgen dem roten Dreieck zur *Ruine Kaltenburg* und Richtung Stetten. Nach etwa 2 km queren wir das Lonetal auf der Straße, folgen auf der anderen Talseite dem roten Dreieck bergauf, verlassen oben den markierten Weg und wandern rechts am Waldrand entlang bis zur *Vogelherdhöhle*. Die Höhle liegt im Weißjura ζ und war vor ca. 30000 Jahren eine Wohnhöhle der Eiszeitmenschen. Funde aus jener Zeit sind im Museum Schloß Hellenstein, Heidenheim, ausgestellt. Wir gehen denselben Weg zurück ins Lonetal, aber nicht über die Straße, sondern rechts am Waldrand, zunächst auf dem Waldweg, später auf schmalem Pfad zwischen Bach und Talhang. Hier sind wir am Prallhang der Ur-Lone mit steilen Felsen und deutlich erkennbaren Erosionsspuren. Nach einiger Zeit taucht links im Tal der Ort Lontal auf. Ab hier führt die Lone auch in trockenen Jahren Wasser. Wir bleiben auf dem Pfad (später geschottert) am rechten Talhang (jetzt Gleithang) bis zur Straße Hürben-Burgberg, überqueren die Lone und gehen auf dieser Straße zum Parkplatz zurück. Karten: Blatt L 7524 Blaubeuren, Blatt L 7526 Günzburg.

Oben links: Trockental bei Bernstadt, ehemals Seitenbach der Ur-Lone. – *Oben rechts:* Die Vogelherdhöhle im Weißjura ζ. – *Unten links:* Prallhang der Lone beim Ort Lontal. – *Unten rechts:* Zusammenfluß von Hürbe und Lone südlich Hürben.

Vom Hungerbrunnental zum Kliff bei Altheim

Gegen Ende der Jurazeit hob sich das Gebiet der heutigen Schwäbischen Alb, und tauchte aus dem Meer auf, die Abtragung begann (siehe Seite 32).
Im Zusammenhang mit der Entstehung der Alpen drang während des Tertiärs (vor etwa 25 Millionen Jahren) das Weltmeer wieder auf den südlichen Teil der Alb vor. Am Grund dieses Meeres setzte sich Meeresmolasse ab, ein Gestein, das im Gebiet der Schwäbischen Alb allerdings schon weitgehend wieder abgetragen ist. Die ehemalige Steilküste des Meeres, das Kliff, zieht sich von Gammertingen im Westen bis in die Gegend von Donauwörth im Osten quer über die Alb. Mit 40–60 m Höhe stellt die Klifflinie in der Ostalb noch heute einen der markantesten Landschaftszüge dar. Die Landschaft südlich des Kliffs wurde vom Meer weitgehend eingeebnet (heutige Flächenalb). Aus den Massenkalken nördlich des Kliffs hat das fließende Wasser zahlreiche Kuppen herauspräpariert, die meist gut zu erkennen sind (Kuppenalb). An der Steilküste siedelten sich damals Bohrmuscheln und Bohrschwämme an, die im Bereich der Brandung lebten und sich hier in den Kalk der Küste einbohrten. Die Löcher solcher Bohrmuscheln sind vor allem am Heldenfinger Kliff noch gut zu erkennen.
Ausgangspunkt der Wanderung ist der Sportplatz von Heldenfingen (am Ortsausgang Richtung Gerstetten das Sträßchen links ab bis zu den Sportanlagen am Waldrand). Am linken (südöstlichen) Ende des Parkplatzes führt eine Wegegabelung in den Wald. Wir folgen dem Schotterweg halblinks etwa 100 m und gehen dann nicht den Bogen des Wegs rechts, sondern den Waldweg schnurgerade weiter sanft bergab. In einem hübschen kleinen Trockental verlassen wir den Wald, wenden uns rechts talabwärts und erreichen kurz danach das *Hungerbrunnental*. Etwa 50 m rechts des Wegdreiecks liegt der kleine Quelltopf des Hungerbrunnens direkt am Weg im Talboden. Diese Karstquelle führt nur zeitweise bei hohem Karstwasserspiegel Wasser. – Weiter talabwärts folgen wir nach etwa 500 m dem Wanderweg nach rechts, verlassen das Sträßchen Richtung Ballendorf schon nach etwa 50 m, wandern den Waldweg rechts bergauf, in halber Höhe über die Straße, ein Stück am Waldrand entlang und dann nach links auf die Anhöhe. Vor uns liegt jetzt das Kliff, links die Verebnungsfläche des Molassemeeres, rechts ein Trockental. Wir wenden uns zur Straße halbrechts und von der großen Buche aus links bergauf zur *Höhe des Kliffs,* das hier etwa 50 m hoch ist. Vor uns dehnt sich nach Süden die Verebnungsfläche des Meeres, rechts sehen wir den weiten Bogen der ehemaligen Steilküste der Altheimer Bucht. Uns zu Füßen liegt ein aufgelassener Steinbruch im Massenkalk Weißjura ζ, in seinem Boden finden wir die Öffnung einer Klufthöhle. – Zurück folgen wir nach Osten über die Straße dem Weg, der sanft bergab in das links liegende Trockental führt und wandern am jenseitigen Hang dieses Tals über Wacholderheide talabwärts zum Hungerbrunnental, das hier ebenfalls ein Trockental ist. Hier wenden wir uns sofort rechts, queren nach stark 500 m bei der einzelnstehenden Eiche das Tal und biegen halblinks in den Waldweg ein, der das Tal verläßt. Dabei gelangen wir durch ein Seiten-Trockental in großem Bogen auf die Höhe. Rechts vorn erscheint dann bald der Sportplatz Heldenfingen.
Anschließend machen wir unbedingt noch einen Abstecher zum *Heldenfinger Kliff* am östlichen Ortsrand. Hier sind noch sehr schön die Bohrmuschellöcher in der ehemaligen Brandungszone zu sehen. Karte: Blatt L 7526 Günzburg.

Oben links: Hungerbrunnental. – *Oben rechts:* Quelltopf des Hungerbrunnens. – *Unten links:* Kliff bei Altheim. Im Hintergrund das Kliff auf der anderen Seite der ehemaligen Meeresbucht. – *Unten rechts:* Heldenfinger Kliff.

Hohenstaufen und Rehgebirge

Am nordwestlichen Albrand treten eine Reihe von tektonischen Brüchen und Gräben in Erscheinung, die von Freudenstadt bis Bopfingen in ostnordöstlicher Richtung streichen und unter der Bezeichnung „Schwäbisches Lineament" zusammengefaßt werden. Besonders deutlich ausgeprägt ist dieses Lineament in der Ostalb, wo die südlich der Verwerfung liegenden Schichten zum Teil um über 100 m abgesunken sind. Östlich des Hohenstaufen bildet das Lineament die Grenze zwischen Braunem und Schwarzem Jura, östlich von Schwäbisch Gmünd verläuft es am Albtrauf. Im Gebiet der abgesunkenen Scholle hat sich ein Bergland erhalten, dessen Decke von Eisensandstein (Braunjura β) gebildet wird: Das Rehgebirge und der Aasrücken als nördlicher Stufenrand zum Schwarzen Jura, denen die Zeugenberge Stuifen, Rechberg und Hohenstaufen aufsitzen. Der Hohenstaufen ist fast 10 km vom eigentlichen Albtrauf entfernt, seine Weißjuraschichten liegen rund 60 m zu tief. Den Gipfel des Hohenstaufen bildet Weißjura β/γ, am Südwesthang sind an der „Spielburg" Kalke des Weißjura δ aufgeschlossen. Hier muß zu einer Zeit, als der Albtrauf mit den Weißjura δ-Schichten noch in dieser Gegend verlief, ein gewaltiger Bergsturz niedergegangen sein.

Die Wanderung beginnt im Ort Hohenstaufen. Wir gehen die „Kaiserbergsteige" bergauf Richtung Barbarossakirche, biegen aber vorher links ab. Durch die „Jägergasse" erreichen wir außerhalb des Orts die Felsgruppe der „*Spielburg*" mit schöner Aussicht auf die Braunjuraterrasse im Süden und die Schwarzjuraebene im Nordwesten. Am Fuß der Felsgruppe ein großer Steinbruch im abgestürzten Weißjura δ. Wir wenden uns nun zum Berg Hohenstaufen, gehen an der Wegegabel das Asphaltsträßchen nach links und folgen etwa 80 m weiter dem roten Balken rechts bergauf. Der Zickzackweg auf den *Gipfel des Berges* führt uns oben an geschichtetem Weißjura β-Kalk vorbei. Vom Berg aus haben wir einen herrlichen Blick auf die Spielburg, nach Süden auf das Rehgebirge (Braunjura β-Platten) mit der Weißjurastufe des Albtraufs im Hintergrund, nach Osten auf den Braunjurakamm des Aasrückens mit dem aufsitzenden Rechberg als Weißjura-Zeugenberg. Wir folgen dem roten Balken den Osthang abwärts und gehen neben der Straße Richtung Schwäbisch Gmünd über den *Aasrücken* weiter. Dabei sehen wir nach Norden und Süden weit ins Land hinaus. Wo die Straße bergab führt, bleibt unser Weg auf der Höhe am Waldrand (roter Balken). Wir wandern zunächst am Waldrand entlang und schließlich in den Wald hinein auf schmalem Kamm (Braunjura β-Eisensandstein). Knapp 500 m nach Eintritt in den Wald gehen wir an einer Wegegabel den Weg halbrechts abwärts durch den Strudelhof und auf dem Sträßchen weiter abwärts nach Jackenhöfe. Die Landschaft im Braunjura α ist wellig. Hier gibt es Wiesen und Weiden, Obstbäume und Waldstücke. In Jackenhöfe verlassen wir vor dem letzten Haus die Straße nach rechts. Auf dem weiteren Weg haben wir unser Ziel, den Hohenstaufen, stets vor Augen. Wir gehen zunächst bergauf, über die Straße, wenden uns auf der Höhe links und am Ende des Weidezauns halbrechts. Ein Wiesenpfad führt uns hinunter zum Brühlhof. Am Feldkreuz folgen wir nicht dem Hauptweg nach links, sondern gehen immer geradeaus auf kleinen Feldwegen bis zum Schottersträßchen, überqueren hier den Bach und wenden uns sofort wieder nach rechts, immer bergauf bis zum Ort Hohenstaufen. Karte: Blatt L 7324 Geislingen.

Oben links: Barbarossakirche im Ort Hohenstaufen. – *Oben rechts:* Der Hohenstaufen vom Rechberg aus. Im Vordergrund die Ruine Rechberg. – *Unten links:* Das Rehgebirge (Brauner Jura) mit den Weißjura-Zeugenbergen Rechberg und Stuifen. Im Hintergrund der Albtrauf. – *Unten rechts:* Steinbruch im Weißjura δ-Bergsturz der Spielburg. Im Hintergrund der bewaldete Kegel des Hohenstaufen.

Blaubeuren mit dem populärsten Quelltopf der Alb, dem *Blautopf,* liegt in einer Talschlinge, die noch vor etwa 200000 Jahren von der Donau durchflossen wurde. Der in der Schlinge gelegene Ruckenberg hat nur noch eine schmale Verbindung zum gegenüberliegenden Hang des Hörnle. Hätte die Donau nicht das Tal verlassen und den direkten Weg von Ehingen nach Ulm gesucht, so wäre der Ruckenberg rasch zum Umlaufberg geworden. Da heute nur noch wenig Wasser durch das Tal fließt, kam es zu einer etwa 30 m mächtigen Aufschotterung des ehemaligen Donautals. Der Blautopf wurde dabei nicht zugeschüttet, weil er in einer Hangnische liegt. Bei dem Topf handelt es sich um eine Karstquelle, die vom Karstwasser des Weißjura δ gespeist wird. Ihr Einzugsgebiet umfaßt eine Fläche von rund 175 km² und reicht weit auf die Hochalb bis über Laichingen hinaus. Entsprechend hoch ist die Schüttung der Quelle mit durchschnittlich über 2000 Liter pro Sekunde. Die daraus resultierende Fließgeschwindigkeit sorgt für eine gute Selbstreinigung des Blautopfs. Der durch ein Wehr aufgestaute Quelltopf ist rund 21 m tief und bei schönem Wetter wunderbar blau. Nur nach anhaltenden Regenfällen oder bei Schneeschmelze färbt sich das Quellwasser schmutzigbraun. Die aus dem Quelltopf abfließende Blau nimmt schon nach kurzem Lauf die Ach auf, Durch ein seit 1876 betriebenes Pumpwerk der Albwasserversorgung wird das Grundwasser etwa 250 m hoch auf die Suppinger Höhe gepumpt.
Vom Blautopf aus wandern wir flußabwärts auf der linken Flußseite, zunächst direkt am Ufer, später weiter links am Waldrand, wo sich links über uns der steile Prallhang des ehemaligen Donautals erhebt. Unmittelbar vor der Bahnlinie steigen wir nach links auf schmalem Zickzackweg bergauf. Im oberen Teil des Hangs führen kleine Abstecher zu gelegentlich bizarren Felsen aus Weißjura ε und ζ sowie zu kleineren und größeren Höhlen. Schließlich erreichen wir die *Ruine des Rusenschlosses.* Von hier aus genießt man einen herrlichen Blick über das ehemalige Donautal aufwärts. Der Fluß bildete eine Schleife am Zementwerk mit Prallhang links vom Werk und zog dann nach rechts in großer Schleife um den Ruckenberg herum. Den nur noch kleinen Wall, der die beiden Teile der Schlinge trennt, erkennt man gut bei der Straßenbrücke über die Bahn. Vom Rusenschloß führt im Norden, 50 m hinter dem Tor, ein Fußweg halblinks zum Knoblauchfels hoch und weiter immer am Trauf entlang nach Norden über die Straße bei Sonderbuch hinweg, an den abwärtsführenden Wegen vorbei bis zu einem quer verlaufenden Tal. Hier biegen wir links ab und wandern auf dem Sporn abwärts zum Blaufels, von dem aus sich nochmals ein herrlicher Blick auf die Talschleife bietet. Sehr schön zeigt sich jetzt am Ruckenberg rechts der steile Fels des Prallhangs (Weißjura δ), links der flache Gleithang. Vom Blaufelsen aus wandern wir dann hangabwärts zwischen imposanten Felsblöcken hindurch nach Blaubeuren und zum Blautopf zurück. Karte: Blatt L 7524 Blaubeuren.

Oben links: Blautopf bei Blaubeuren. – *Oben rechts:* Rusenschloß auf Massenkalkfelsen im Weißjura. – *Unten links:* Blick vom Knoblauchfelsen: vorn die Blau, die hier den unteren Teil der ehemaligen Donauschleife benutzt, im oberen Teil links der bewaldete Prallhang. Der schmale Sporn (Mitte) verbindet den von der Ur-Donau umflossenen Ruckenberg (rechts) gerade noch mit dem Talrand. – *Unten rechts:* Blick vom Blaufelsen auf den Prallhang des ehemaligen Donautals bei Blaubeuren.

Rund um das Randecker Maar

Das Randecker Maar ist mit 1100–1300 m Durchmesser und etwa 60 m Tiefe der größte Vulkanschlot der Schwäbischen Alb. Der Vulkanausbruch dürfte vor etwa 10 Millionen Jahren stattgefunden haben. Anschließend sanken die lose gehäuften Tuffmassen in sich zusammen, und über dem wasserundurchlässigen Tuff bildete sich ein Süßwassersee, der über einen Zweig der Ur-Lone zur Donau entwässerte. Als Ablagerungen dieses Sees finden sich Süßwasserkalke mit fossilen Resten subtropischer Pflanzen (u. a. auch Zimtbäume), verschiedener Schnecken, Insekten und Wirbeltiere. Versteinerungen davon sind im Staatlichen Museum für Naturkunde Schloß Rosenstein in Stuttgart aufbewahrt. Mit dem Zurückschreiten des Albtraufs wurde der See vom Quellgebiet des heutigen Zipfelbachs angeschnitten, das Wasser des Sees lief ab. Da die Süßwasserkalke und die Tuffe der Vulkanröhre weicher sind als die anstehenden Jurakalke in der Umgebung, räumte der Zipfelbach den Kessel zur heutigen Form aus (rückschreitende Erosion). Die Ablagerungen des Süßwassersees (Kalk und Seeschlick) rutschten ab. An den unteren Wiesenhängen des Kessels erkennt man solche Rutschungen als Buckelhänge. Die oberen Hänge des Kessels sind mit größeren und kleineren Steinblöcken übersät. Sie stammen vom Weißjura δ und ε, sind beim Vulkanausbruch von oben her in den Schlot abgesunken und bei der Abtragung des weicheren Tuffs wieder aus ihrer Umgebung herauspräpariert worden.

Ausgangspunkt: Parkplatz im Weiler Randeck. Wir gehen die Straße bergab Richtung Hepsisau und gleich in der ersten Kurve rechts der Straße im Wald bergab (Weg 2). Dabei gibt es nach links immer wieder schöne Ausblicke auf das Maar. Am Grunde des Maars kreuzen wir die Straße und unmittelbar danach den *Zipfelbach*, gehen nach links bergauf, den Grat zwischen Maar und Albrand entlang und erreichen nach kurzer Waldwanderung den Mörikefels. Von hier aus bietet sich ein schöner Ausblick nach rechts auf das Randecker Maar sowie auf die gegenüberliegenden Berge des Albrands. Wir verlassen bald den Wald und steigen hier auf die freiliegende Erhebung des *Auchtert*, eines großen Schwammstotzens, der über die Albfläche aufragt. Von ihm aus hat man einen schönen Überblick über das Maar und die kuppige Alb. Weiter nach Westen gelangen wir auf dem asphaltierten Sträßchen am Albrand entlang zum *Breitenstein*, einer leicht schräg stehenden Felsplatte mit herrlichem Ausblick auf Teck und Albvorland. Im Vordergrund unten ein kleiner „Bölle", weiter rechts die Erhebung der Limburg, beides durch die Abtragung herauspräparierte Vulkanschlote. Vom Breitenstein gehen wir auf einem Feldweg zurück auf die Kirche im nahen Ort Ochsenwang zu. Dort führt uns die Straße „In den Grundwiesen" auf die Landstraße Richtung Randecker Maar, das wir nach 50 m Marsch erreichen. Hier biegen wir von der Straße rechts ab und wandern auf schönem Weg am oberen Rand des Maarkessels zurück nach Randeck. Am oberen Hang sind die beim Ausräumen des Tuffs herauspräparierten Weißjurablöcke gut zu erkennen (siehe auch Titelbild). Vom *Salzmannstein* aus hat man einen schönen Blick über das ganze Maar, hinter dem Einschnitt des Zipfelbachs erhebt sich eindrucksvoll der Vulkanschlot der Limburg, der während des Ausbruchs wie das Randecker Maar in den Albkörper eingebettet war und heute durch Reliefumkehr einen stolzen Vulkankegel vortäuscht. Bei guter Sicht ist rechts von der Limburg die Steilstufe des Eisensandsteins (Braunjura) mit den Kaiserbergen zu erkennen. Karte: Blatt L 7522 Urach.

Oben links: Das Randecker Maar von Westen her gesehen. – *Oben rechts:* Blick vom Breitenstein nach Osten auf den Albtrauf. – *Unten links:* Die Teck vom Breitenstein aus. – *Unten rechts:* Weißjurablöcke am oberen Rand des Randecker Maars.

Südlich Kirchheim ist der Albrand stark zertalt durch die rückschreitende Erosion der Neckarzuflüsse. Zwischen der Lauter bei Owen und ihrem Seitenbach Giesnau bei Bissingen blieb dabei ein schmaler Höhenrücken stehen, der an seinem Südende nur noch über den Sattelbogen mit dem eigentlichen Albtrauf zusammenhängt. Hier ist ein Weißjura-Zeugenberg im Entstehen. Nach Norden hin wird dieser Bergrücken durch zwei Vulkanschlote begrenzt, den Hohenbol und das Hörnle.

Ausgangspunkt: einer der Teck-Parkplätze oberhalb Owen. Wir folgen dem bezeichneten Weg zur Ruine auf der *Teck,* die einen herrlichen Ausblick bietet: im Westen der Albtrauf mit der „Baßgeige", vorgelagert die bewaldeten Höhen der Braunjura β-Stufe (Eisensandstein), die sich bis in die Gegend von Kirchheim ziehen. Nach Norden ist diese Stufe nur wenig ausgeprägt, das Vorland liegt im Schwarzen Jura. Der Kegel des Hohenbol direkt unter uns ist ein herauspräparierter Vulkanschlot. Von der Ruine aus gehen wir zunächst das Schottersträßchen abwärts, bleiben dann aber auf dem Höhenrücken und folgen dem roten Dreieck Richtung „Gelber Fels, Ruine Rauber". Vom *Gelben Fels* (Massenkalk im Weißjura δ) schauen wir auf Lenninger Tal und Baßgeige. Der im Vordergrund im Tal gelegene kleine Bergkegel „Bühl" ist ein durch zwei Nebenbäche der Lauter abgeschnürter Zeugenberg mit Weißjura β-Auflage. Zwischen den beiden Aussichtspunkten führt ein kleiner Weg zum Fuß des Felsenkranzes, ist aber nur bei trockenem Wetter, mit gutem Schuhwerk und von geschickten Wanderern begehbar. Hier zeigen sich geschichtete und ungeschichtete Felspartien, vom Wasser ausgewaschene senkrechte Klüfte sowie eine Spalthöhle, die Veronikahöhle.

Der Höhenweg (rotes Dreieck) führt uns weiter in Richtung Süden, allmählich bergab, vorbei an grob geschichtetem Kalk zum Sattelbogen. Hier sind der Giesnaubach im Osten und der Unterlenninger Bach im Westen dabei, den Höhenrücken der Teck vom Albkörper abzuschnüren. Wir folgen dem roten Dreieck weiter zur *Ruine Rauber* auf einem mächtigen Massenkalkfelsen mit Blick nach Osten auf den Breitenstein. An dessen linkem Hang erkennen wir gegen Bissingen zu einen kleinen bewaldeten Kegel, wie der Hohenbol ein herauspräparierter Vulkanschlot. Bewachsener Juraschutt bildet den uns gegenüberliegenden Hang des Breitenstein. Wir erkennen kleine Dolinen und Felsrutschungen. Der weitere Weg nach Diepoldsburg führt am Fuß der Massenkalkfelsen durch das Blockmeer eines früheren Bergsturzes. Auf der Höhe biegen wir hinter den Häusern von Diepoldsburg rechts ab und folgen dem Teersträßchen (roter Rhombus) bis Engelhof (Einkehrmöglichkeit). Direkt hinter dem Hof führt rechts ein Schottersträßchen sanft abwärts zum Sattelbogen. Im Wald passieren wir abgestürzte Felsbrocken von Massenkalk und von vulkanischen Tuffen. Der Weg quert hier einen der zahlreichen Vulkanschlote und führt weiter abwärts an geschichteten Kalken (Weißjura β) vorbei. Vom Sattelbogen bringt uns der obere Schotterweg (Schranke) am Hang entlang zum Parkplatz. Es lohnt sich, noch den Kegel des *Hohenbol* (an der Straße Teck/Owen) zu besuchen. An seinem Südhang ist in zwei ehemaligen Steinbrüchen dunkler, bzw. hellgefleckter Basalttuff aufgeschlossen. Karte: Blatt L 7522 Urach.

Oben links: Blick von der Teck auf den Hohenbol. – *Oben rechts:* Blick vom Gelben Fels auf das Lenninger Tal mit dem Zeugenberg Bühl. – *Unten links:* Blick vom Gelben Fels nach Südosten. In Bildmitte der Höhenrücken der Teck, der zum Sattelbogen führt, im Hintergrund der Albtrauf. – *Unten rechts:* Basalttuff am Hohenbol.

Rund um Donnstetten

Auf der Mittleren Alb wurden viele Dörfer über Vulkanschloten angelegt, weil die Tuffe und Basalttuffe weniger wasserdurchlässig sind als der umgebende Weißjura. Hier fand sich daher Oberflächenwasser oder konnten Brunnen gegraben werden. Auch der Ort Donnstetten steht in einem Maarkessel fast ganz über dem Tuffschlot. Das vom Schlot abfließende Oberflächenwasser versinkt östlich des Orts in großen, heute noch aktiven Dolinen des Weißjura. Ausgangspunkt der Wanderung beim Schilift westlich Donnstetten an der B 565 Lenningen – Blaubeuren. Am linken (südlichen) Ende des großen Parkplatzes gehen wir den Feldweg bergauf (roter Dreiblock). Links sehen wir den niedrigen südlichen Abschluß des Kessels, über den sich die Straße schlängelt. Etwa 50 m nach Erreichen des Waldes wandern wir nach links in den Wald hinein, der rote Dreiblock führt uns dann zum *Römerstein* mit Aussichtsturm. Der Römerstein ist mit 874 m die höchste Erhebung der mittleren Alb. Vom Aussichtsturm aus genießt man einen schönen Rundblick über den Kessel von Donnstetten, den Albtrauf und das Hügelland der Albhochfläche. Der Turm ist während des Sommers Samstag/Sonntag geöffnet. Andernfalls erhält man den Schlüssel bei Russ in der Gutenbergstraße in Donnstetten. Vom Römerstein aus folgen wir dem roten Dreiblock weiter in Richtung Oberlenningen. Nach etwa 1 km sehen wir links eine große Waldwiese. Hier folgen wir am Wegdreieck nicht dem roten Dreiblock nach links, sondern gehen den Weg rechts bergauf. Nach 50 m erreichen wir den Waldrand, nach weiteren 50 m die Anhöhe. Hier gehen wir rechts und wandern dann auf dem geteerten Sträßchen nach links bergab. Auf der alten Straße wenden wir uns wieder links bergauf. Nach Erreichen der Höhe überqueren wir die neue Straße, gehen 10 m links bergab, dann sofort scharf rechts den Feldweg immer geradeaus (Richtung Fernmeldeturm am Horizont). Der Weg folgt hier der europäischen Hauptwasserscheide. Nach links haben wir schöne Ausblicke auf die bewaldeten Ausläufer der zum Rhein entwässernden Trauftäler. Nach Erreichen des Teersträßchens gehen wir rechts und nach etwa 50 m links bergauf zum *Sportplatz*. Von hier aus bietet sich ein guter Überblick über den Maarkessel. Direkt vor uns liegt die tiefste Stelle des Kessels mit den entwässernden Dolinen. Wir wandern am Sportplatz entlang weiter, zwischen schönen Buchen und Felsbrocken bis zur Straße, auf der wir rechts abwärts gehen. Vorbei an verlassenen Steinbrüchen im Weißjura ζ. Nach etwa 150 m verlassen wir die Straße, gehen das landwirtschaftliche Sträßchen links bergauf und dann am oberen Rand des Kessels entlang. Über Schafweiden und Feldwege ist von hier aus ein Abstecher zur großen *Doline* (neben der Kläranlage) im Kessel möglich. Hier versinkt Oberflächenwasser des Kessels sowie Wasser der 1975 errichteten Kläranlage Donnstetten. Vom Dolinenrand aus ist das aktive Schluckloch gut zu erkennen. – Wir steigen wieder zum oberen Rand des Maarkessels hinauf und setzen dort unseren Weg fort. Vom letzten Felsen aus (der Felskranz besteht aus Weißjura ζ) haben wir nochmals einen schönen Überblick über den Kessel. Uns gegenüber liegt jetzt der nördliche Abschluß des Kessels mit der Wasserscheide. Man erkennt deutlich, daß der Boden des Kessels nach rechts zu den im Hintergrund liegenden Dolinen abfällt. Vom letzten Felsen aus wandern wir ins Dorf hinab und zum Ausgangspunkt zurück. Karte: Blatt L 7522 Urach.

Oben links: Donnstetter Maar. Oberflächenwasser auf Tuff. – *Oben rechts:* Blick von Westen auf Donnstetten im flachen Kessel des Maars. – *Unten links:* Blick vom Sportplatz aus auf den nordöstlichen Rand des Maars. – *Unten rechts:* Blick von Südosten auf den Ostrand. Im Maar ist links die Kläranlage zu erkennen, rechts daneben die aktive Doline, die das von der Anlage abfließende Wasser schluckt.

Das obere Ermstal

Die Quellen der Erms und ihrer Zuflüsse liegen meist an der Grenze von Weißjura γ/δ. Das Wasser stammt aus dem kalkreichen Weißjura δ und ist daher sehr hart (reich an gelöstem Calciumhydrogencarbonat). In der Umgebung von Wasserfällen, an Pflanzen wie auch am Grund der Gewässer macht sich diese „Wasserhärte" als Kalktuff bemerkbar. Das Ermstal und seine Seitentäler besitzen daher beträchtliche Kalktuffvorkommen. Charakteristisch sind die getreppten Talböden. An kleinen Gefällstufen, hervorgerufen durch Steine oder Pflanzen, scheidet sich vermehrt Kalk ab, die Stufen werden dadurch talwärts vorgebaut und vergrößern sich. So entstehen die treppenförmigen Kalkablagerungen am Uracher und Gütersteiner Wasserfall, und so entstanden auch die mehrere Meter hohen Stufen im Talboden des oberen Ermstals.

Uracher und Gütersteiner Wasserfälle
Ausgangspunkt: Parkplatz „Wasserfall" am westlichen Ortsende von Urach (Straße Urach – Metzingen). Wir folgen dem blauen Dreieck am Brühlbach entlang Richtung *Uracher Wasserfall.* Am und im Bach sind vielerorts Kalktuff und Kalktuffstufen zu erkennen. Der Wasserfall selbst stürzt über eine Kalktufferhöhung herab, in der Moos durch Kalk verkrustet wurde. Der Aufstieg zur *Hochwiese* führt an rund 35 m hohen Tuffwänden vorbei. Der Kalktuff hat eine lockere Struktur, ist durchlöchert und an vielen Stellen mit jungem Sinterkalk überzogen. Die Hochwiese selbst, rund 400 m lang und bis 150 m breit, liegt völlig auf dem vom Wasser aufgebauten Tuffklotz. An der Hinterkante der Hochwiese ist die Quelle des Brühlbachs von Juraschutt und Geröll überdeckt. Auf der Hochwiese hat der Bach ein geringes Gefälle, daher setzt sich nur wenig Kalk ab. Das abstürzende Wasser dagegen scheidet sehr viel Kalk aus (im Jahr rund 7 – 8 Tonnen). So wuchs der Klotz der Hochwiese allmählich nach vorn vor allem durch das Wasser, das direkt an der Wand in Wasservorhängen und Rinnsalen herabströmte. Der heutige Wasserfall entstand durch die Bachregulierung. Nur so ist auch die weit nach vorn gewachsene „Tuffschnauze" des Falls zu erklären.
Von der Quelle aus führt der Weg bergauf zum *Eppenzillfelsen* (roter Rhombus), vorbei an schönen Aufschlüssen des Weißjura δ. Dort oben bietet sich ein sehr schöner Blick über den hier reichgegliederten Albtrauf. Im Nordwesten der „Runde Berg", der durch Brühlbach und Gütersteiner Bach vom eigentlichen Trauf abgetrennt wird. – Wir gehen denselben Weg zurück, jedoch nicht mehr hinab zum Wasserfall, sondern dem roten Dreiblock folgend am Trauf entlang zum Rutschenfelsen, einem senkrecht abfallenden Weißjura δ-Klotz mit herrlicher Aussicht; weiter am Trauf entlang (rotes Dreieck) folgen wir nach etwa 1 km (vom Rutschenfelsen aus) einem kleinen Waldweg nach rechts (roter Dreiblock, Richtung „Gelber Fels"), dann wieder am Trauf entlang bis auf die Höhe des links sichtbaren Fohlenhofs. Von dort bringt uns ein Zickzackweg (blaues Dreieck) zu den *Gütersteiner Wasserfällen.* Auch hier hat das Wasser einen Tuffklotz mit Hochwiese aufgebaut. Das Quellwasser ist zu kleinen Teichen gefaßt und wird für die Wasserversorgung des Fohlenhofs genutzt. An den Teichen wie auch hangabwärts am treppenförmigen Abfluß lassen sich die Tuffablagerungen und Kalkinkrustierungen (vor allem an Moosen) besonders schön studieren. Der weitere Abstieg geht am Gestüt Güterstein vorbei zum Ausgangspunkt. Karte: Blatt L 7522 Urach.

Oben links: Uracher Wasserfall: – *Oben rechts:* Blick auf den Albtrauf mit Hohen Urach. – *Unten links:* Kalkverkrustetes Moos vom Uracher Wasserfall. – *Unten rechts:* Tuffsporn am Uracher Wasserfall.

Im Seeburger Tal
Ausgangspunkt: Parkplatz mit großem Spielplatz etwa 1 km vor Seeburg an der Straße Urach – Seeburg (auf der linken Seite der Erms). Wir wandern ermsaufwärts am Waldrand entlang bis Seeburg. Dabei queren wir eine große Sinterterrasse mit Wasserwerk. Der Ortskern von *Seeburg* liegt auf einer gewaltigen Tuffbarriere der Erms. In Ortsmitte finden sich die Reste eines großen Steinbruchs mit noch gut erhaltenem Tuffaufschluß. Viele ältere Häuser, Mauern und Zäune sind hier aus Tuffstein errichtet. Wir steigen zur Ermsbrücke oberhalb der Kirche hinauf und sehen von hier aus gut, daß das Bett der Erms auf ihren eigenen Tuffablagerungen beträchtlich höher liegt als der von rechts her einmündende Fischbach. Die Tuffbarriere der Erms hat ursprünglich das Seitental abgeriegelt und den Fischbach aufgestaut. Der so entstandene „Bodenlose See" wurde 1618 mit Hilfe eines Stollens erstmals abgelassen. – Ein Abstecher an der Erms entlang bringt uns nach etwa 1 km zum *Ermsursprung*. Beim Verlassen des Orts sehen wir, wie die Erms auf ihrem eigenen Tuff erhöht über dem heutigen Talboden fließt. Die Ermsquelle ist eine reine Karstquelle mit einer Schüttung von rund 300 Litern in der Sekunde.
Wir gehen nach Seeburg zurück und wenden uns dort auf der Straße nach rechts Richtung Hengen. Am Ortsende von Seeburg biegen wir links ab hinunter zum Fischbach. Hier sehen wir den Stollen, der den Bach unter Seeburg hindurchleitet. Auf der anderen Talseite wenden wir uns nach links, folgen aber dann dem geteerten Sträßchen rechts hangaufwärts. In der zweiten Spitzkehre (knapp 1 km nach Seeburg) gehen wir rechts ab auf die Höhe. Von dort bietet sich ein schöner Blick auf Seeburg. Wir wandern dann auf dem Sträßchen weiter und biegen nach etwa 2 km auf einer kleinen Anhöhe links zu dem am Waldrand sichtbaren Sportplatz ab. Vom Weg aus bieten sich nach links schöne Ausblicke auf die jenseits des Ermstals gelegenen Weißjura-Kuppen. Etwa 100 m nach dem Sportplatz treten wir links in den Wald ein und wenden uns dort sofort wieder nach rechts. Der Weg führt uns zunächst als Trimm-, später als Trampelpfad am Waldrand entlang bis zu einem geschotterten Sträßchen, an dem wir nach links abbiegen und bei der nächsten Kreuzung den Waldweg rechts wählen. Diesen Weg gehen wir immer geradeaus bis zum Waldrand und weiter bis zum einzelnstehenden Anwesen, an dem vorbei abwärts und auf bezeichnetem Weg zur *Ruine Hohenwittlingen*. Dort haben wir einen prächtigen Blick ins Ermstal. Von Hohenwittlingen aus gehen wir denselben Weg zurück und steigen nach etwa 100 m rechts auf dem Zickzackweg ins Tal ab. Hier überqueren wir Straße und Bach und folgen am jenseitigen Talrand dem „*Grünen Weg*" nach links ermsaufwärts. Im Talverlauf finden sich verlassene Kalktuffbrüche, teilweise noch mit schönen Tuffaufschlüssen. Stellenweise fließt die Erms auf schmalem Damm über dem Bruch, ein Zeichen für die Wasserundurchlässigkeit des Tuffs. Der Talboden zeigt immer wieder deutliche Stufung (Tuffterrassen). An „Enge" vorbei kommen wir zum Ausgangspunkt zurück.
Karte: Blatt L 7522 Urach.

Oben links: Quelltopf der Erms bei Seeburg. Diese reine Karstquelle hat eine Schüttung von 300 L/s. – *Oben rechts:* Blick von Norden auf Seeburg. In Bildmitte der Sporn des Burgberges, der zwischen Mühltal (mit Ermsquelle) und Seetal stehengeblieben ist. – *Unten links:* Blick ins Seeburger Tal. – *Unten rechts:* Blick ins Ermstal mit Enge.

Vom Hohenneuffen zum Steinbruch Bader

Ausgangspunkt: Waldparkplatz am Hohenneuffen an der kurz hinter Erkenbrechtsweiler abbiegenden Zufahrtsstraße. Von hier führt ein Weg direkt zur *Burgruine* (743 m), die auf den Massenkalken des Weißjura δ erbaut ist. Unmittelbar vor dem Anstieg zur Ruine fällt der den Weißen Jura allerdings nicht durchschneidende Sattel auf sowie der schmale Grat vom Waldparkplatz zur Burg zwischen dem Neuffener (links) und dem Beurener Talkessel (rechts). Von der mächtigen Bastion haben wir einen einmaligen Ausblick auf das 350–400 m tiefer gelegene Albvorland (Lias). Geologisch besonders interessant ist der Fildergraben im Norden, eine an der Schönbuch-Filder-Verwerfung im Südwesten und an der Schurwald-Verwerfung im Osten um etwa 100 m abgesunkene Liasplatte. Die Schönbuch-Filder-Verwerfung bildet zugleich den Schönbuch-Filder-Rand. Die Schurwald-Verwerfung zwingt den Neckar bei Plochingen, in dem berühmten „Neckarknie“ nach Nordwesten umzubiegen. Über der flachwelligen felderbedeckten Liasfläche des Albvorlandes erhebt sich eine deutlich sichtbare Stufe. Sie wird vom Eisensandstein (Braunjura β) und den „Blauen Kalken“ (Braunjura γ) gebildet.
Wir wandern den schmalen Grat zurück und folgen nach der Wegschranke dem *Strömfeld-Wanderweg* am Albtrauf entlang (Hinweisschild: Karlslinde/Jusi/Metzingen). Von vorspringenden Massenkalkfelsen bieten sich herrliche Ausblikke auf den Neuffener Talkessel mit mehreren bewaldeten Vulkankuppen. Wir halten uns rechts in Traufnähe und folgen dem Wanderweg Nr. 3. Felsvorsprünge bieten auch hier immer wieder gute Aussichtspunkte. Schließlich erreichen wir das *Molachmaar,* das (siehe Randecker Maar) vom Albtrauf her durch rückschreitende Erosion angeschnitten wurde. Hundert Meter weiter kommen wir zu den *Höllöchern,* einem parallel zum Albtrauf verlaufenden Abriß in den Weißjura δ-Kalken (siehe „Hangender Stein“ und „Gespaltener Fels“). Bei Tafel 32 verlassen wir kurz den Weg und steigen nach rechts ab zu der etwa 45 m langen, in den Massenkalken gelegenen *Barnberghöhle.* Die Begehung der Höhle selbst ist etwas mühsam, eine Taschenlampe unbedingt erforderlich, Tropfsteine fehlen.
Nach dem Rastplatz oberhalb der Barnberghöhle halten wir uns zuerst etwas nach links und gehen dann am Waldrand entlang und am „Heidengraben“ vorbei. Vor dem *Steinbruch Bader* führt ein breiter Schotterweg bergab in Richtung Neuffen. Wir folgen ihm etwa 50 m und steigen dann auf dem nach links abzweigenden Pfad zur Straße ab. Interessant ist vor allem der *Tuffschlot* auf der linken Seite des Steinbrucheingangs. An der Grenze zwischen Tuff und Kalkgestein ist keine Kontaktzone zu erkennen. Dies bedeutet, daß der Tuff keine so hohe Temperatur mehr hatte, um den Kalk noch zu verändern (Vorsicht Überhang!). Auch in den Schlot zurückgefallene Gesteinsbrocken blieben ganz unverändert. Der Steinbruch selbst liegt in den Felsenkalken von Weißjura δ, die nach oben in die Kalke von Weißjura ε übergehen. Vom Steinbruch gehen wir zurück zum Heidengraben, an dem wir nun entlangwandern bis zum Parkplatz gleichen Namens. Auf dem anfangs betonierten Feldweg in der direkten Verlängerung des Parkplatzes geht es dann zurück über die Albhochfläche. Wichtig! An der ersten Wegkreuzung den nach halblinks abbiegenden Weg benutzen (Nr. 5) und oberhalb des Molachmaares geradeaus auf dem Grasweg Nr. 8 weitergehen. Nach links dem alten Heidengraben folgend, wandern wir auf dem leicht abschüssigen Waldpfad zum Parkplatz zurück. Karte: Blatt L 7522 Urach.

Oben links: Blick auf den Hohenneuffen. – *Oben rechts:* Blick in den Neuffener Talkessel. – *Unten links:* Tuffschlot im Steinbruch Bader. – *Unten rechts:* Steinbruch an der Straße Neuffen-Hülben.

Vom Jusi zum Hörnle

Wir beginnen unsere Wanderung auf dem Parkplatz an der Straße Kohlberg–Metzingen, wo wir dem leicht bergauf führenden Wanderweg folgen. Nach etwa 100 Metern erste Kahlstelle mit vulkanischen Tuffen (links). Weiter bergauf wandern wir an der ersten Weggabelung (Ammonit) nach rechts am Waldrand entlang ins Ermstal und folgen diesem Weg bis zu der sehr schön angeschnittenen *Basalttuffwand* oberhalb Kappishäusern (zahlreiche eingeschlossene Weißjura-Trümmergesteine). Auf dem steil ansteigenden Schotterweg gehen wir bis zur rotweißen Wegschranke und folgen dem nach rechts abbiegenden Wanderweg (blaues Dreieck). Nach etwa 5 Minuten erreichen wir einen Aufschluß, in dem zwischen Wänden aus Basalttuff schwarzblauer Olivin-Melilith-Basalt (Ankaratrit) ansteht (Vorsicht!). Anschließend folgen wir weiter dem blauen Dreieck. Bei der Albvereins-Schutzhütte auf dem Jusi wenden wir uns nach rechts (Hinweisschild: Hörnle-Schillingskreuz-Hohenneuffen). Auffallend ist der schmale Grat zwischen Ermstal und Neuffener Täle, der am Sattelbogen (600 m) bis weit in den Weißjura α hinein einschneidet. Nach dem Sattelbogen führt ein steiler Anstieg zum *Hörnle*. Die obersten Stufen bilden Weißjura β-Kalke. Die Tafel 14 des Strömfeldweges ist lesenswert. Beim Hinweisschild „Steinbruch Dettingen-Hörnle" gehen wir nach links weiter. Bei Tafel 15 haben wir einen beeindruckenden Blick auf den Steinbruch: Im unteren Teil ist Weißjura α aufgeschlossen, Tonmergel, die im oberen Bereich von zahlreichen Kalkmergelbänken durchsetzt sind. Darauf folgen die etwa 30 m mächtigen (helleren) wohlgebankten Kalke des Weißjura β und darüber (etwas dunkler) Weißjura γ, eine Abfolge von Tonen, Mergeln und Mergelkalken. Den Gipfel des Dettinger Hörnle (706 m) links von der gut sichtbaren Verwerfung bilden die (wieder etwas helleren) Kalke des Weißjura δ. (Diskordanz und Verwerfung siehe Tafel 15). Auf der leicht abschüssigen Zufahrtstraße zum Steinbruch gehen wir bergab. (Herrliche Ausblicke!). Es lohnt sich, bei der ersten Wegkreuzung auf dem leicht bergauf führenden Weg bis zum Steinbruchrand (ca. 50 m) aufzusteigen, denn der Blick auf den Steinbruch ist beinahe noch eindrucksvoller als von Tafel 15 aus (Vorsicht!). Wir gehen zurück zur Wegkreuzung und nach links über die Steinbruchsohle bis zum gegenüberliegenden Steinbruchrand. Die leicht bergab führende asphaltierte Straße verlassen wir in der scharfen Rechtskurve und benutzen ab hier den nach links führenden Waldweg. Auch bei der nächsten Kreuzung bleiben wir auf dem in der Nähe des Waldrandes (geradeaus) führenden Waldweg. Vor dem Anstieg ist links am Wegrand noch einmal ein schöner Aufschluß im Basalttuff. Nach der Linkskurve steigen wir auf steilen, manchmal nur sehr schwer auszumachenden Zickzackwegen (Halten Sie sich in der Nähe des Waldrandes!) zurück zum *Jusigipfel*. Beim Abstieg vom Jusi erkennen wir in Gipfelnähe Schichten aus stark verfestigtem, geschichtetem Basalttuff mit zahlreichen eingeschlossenen Weißjura-Trümmergesteinen. Diese Tuffe entstanden im Zentrum des Schlotes. Etwa auf halber Höhe des Berges ist im nördlichen Teil eine riesige abgesunkene Weißjurascholle zu erkennen. Noch etwas weiter hangabwärts sind links von unserem Wanderweg weiche Tuffe aufgeschlossen, in die das abfließende Niederschlagswasser tiefe, v-förmige Rinnen eingeschnitten hat. Bei der Tafel 9 (guter Text, gute Skizze) steigen wir nach links ab zum Parkplatz. Karte: Blatt L 7522 Urach.

Oben links: Blick vom Jusi auf den Albtrauf mit Hohenneuffen. – *Oben rechts:* Basalttuff mit Weißjura auf dem Jusi. – *Unten links:* Aufschluß Dettinger Hörnle. – *Unten rechts:* Blick vom Jusi ins Albvorland.

Achtal und Wimsener Höhle

Das Gebiet der Flächenalb westlich und nordwestlich Zwiefalten ist stark verkarstet. Ein großer Teil des hier absinkenden Wassers tritt in den starken Karstquellen westlich Zwiefalten und bei Wimsen wieder zutage. Besonders interessant ist die bei Wimsen aus der Friedrichshöhle austretende Quelle. Hier liegen Höhlenausgang und vorderer Teil der Höhle in Höhe des Karstwasserspiegels und führen daher Wasser. Die Höhle kann, als einzige Höhle der Bundesrepublik, auf eine Länge von etwa 80 m mit dem Kahn befahren werden.
Ausgangspunkt: Das Münster in Zwiefalten. An der Nordwestecke des Münsterhofs überqueren wir den Bach, dann die Straße und folgen dem roten Dreieck Richtung Wimsen am forellenreichen Bach entlang bis zum Ort Goßenzugen. Das Achtal ist hier sehr breit (relativ weiches Gestein im Weißjura ζ, am Osthang Schutt der Hangenden Bankkalke). In Gossenzugen überqueren wir die Ach und folgen dem roten Dreieck weiter bachaufwärts, bis das Tal nach etwa 1 km schmal und klammähnlich wird. Hier hat sich die Ach in den Massenkalk des Weißjura ε eingeschnitten. Die Felsen zeigen noch deutliche Erosionsspuren. Bald erreichen wir die *Friedrichshöhle* mit dem *Ach-Ursprung,* ebenfalls in den Massenkalken des Weißjura ε.
Wir folgen dem roten Dreieck weiter talaufwärts zunächst auf dem Sträßchen, nach etwa 200 m durch die Kastanienallee links bergauf zum *Schloß Ehrenfels* (vorbei an einem verlassenen Steinbruch Weißjura ζ). Vor dem Schloß gehen wir nach rechts, im Tal über den Bach, dann geradeaus neben der wenig befahrenen Straße das Werfental aufwärts. Die Felspartien und Erosionsspuren zeigen, daß dieses Trockental einmal von erheblichen Wassermassen durchflossen war. Nach etwa 500 m erreichen wir eine Partie schöner Massenkalkfelsen, denen gegenüber ein Schotterweg von der Straße rechts abzweigt. Dem folgen wir im Wald bergauf, queren dabei ein Schottersträßchen und erreichen schließlich die Hochfläche. Hier wenden wir uns links und erreichen nach Verlassen des Waldes die Straße im oberen Teil des Werfentals, das in den weichen Gesteinen (Weißjura ζ und Obere Süßwassermolasse) breit und flach ist. Erst nach Eintritt in die harten Massenkalke wird es so steil und eng, wie vorher beim Aufstieg. Wir gehen rechts an der Straße entlang zunächst leicht bergauf, dann zum Ort Sonderbuch. Wer Lust hat, mag dabei einen Abstecher links auf die Höhe machen, wo er in der Gegend der Hochspannungsleitung Bohnerzkörner finden kann. – Vor den ersten Häusern in Sonderbuch erschließt sich ein schöner Blick über den Talschluß des Ach-Seitentals. Die flache Talmulde liegt im weichen Gestein der Oberen Süßwassermolasse. Nach rechts hin ist an der Bewaldung und der Verengung des Tals sehr schön zu erkennen, wo der Bach in die härteren Kalke eintritt. Im Ort gehen wir das Sträßchen rechts ins Tal hinunter (roter Dreiblock). Im Talverlauf ist der Übertritt des Bachs vom weicheren in das härtere Gestein gut zu erkennen. Der Weg durch das Tal führt uns wieder nach Zwiefalten.
In Zwiefalten erkennen wir über der Brauerei Bankkalke des Weißjura ζ. Etwa 500 m westlich Zwiefalten an der Straße nach Upflamör entspringt im Talgrund die *Kesselquelle,* eine starke Karstquelle, die heute für die Albwasserversorgung gefaßt ist. Karte: Blatt L 7722 Munderkingen.

Oben links: Das Münster in Zwiefalten. – *Oben rechts:* Tal der Zwiefaltener Ach oberhalb Gossenzugen. – *Unten links:* Klammartiger Einschnitt der Ach im Weißjura ε. – *Unten rechts:* Eingang zur Wimsener Höhle (Friedrichshöhle), der einzigen aktiven Wasserhöhle in der Bundesrepublik. Sie kann auf etwa 80 m mit dem Kahn befahren werden.

Vom Lichtenstein zur Nebelhöhle

Die zur Donau entwässernde große Lauter entsprang früher am Gielsberg und floß von dort in Richtung Offenhausen/Gomadingen. Durch rückschreitende Erosion hat sich die Echaz (Rheinsystem) ein tiefes, schluchtartiges Tal in den Albkörper gegraben und westlich des Bahnhofs Lichtenstein das alte Lautertal im Echaztobel zerschnitten. Eine weitere Besonderheit sind die zwischen 5–20 m mächtigen, deutlich zu erkennenden Kalktuffablagerungen im Echaztal, auf denen beispielsweise die Stadt Honau liegt, und schließlich die nahegelegene Nebelhöhle als ein sehr schönes Beispiel für Höhlen- und Tropfsteinbildung.
Ausgangspunkt: Wir verlassen, von Honau kommend, die B 312 kurz nach Erreichen der Albhochfläche und fahren nach rechts weiter in Richtung Genkingen (Hinweisschild „Lichtenstein"). Es lohnt sich, auf dem großen Parkplatz vor der langgezogenen Linkskurve anzuhalten und auf dem am linken Talrand verlaufenden Wanderpfad wenigstens einige 100 Meter in den tief eingeschnittenen *Echaztobel* abzusteigen.
Unsere eigentliche Wanderung beginnt am Parkplatz Lichtenstein, wo wir zuerst nach rechts an der *Burganlage* vorbei zum *Wilhelmsdenkmal* gehen. Von hier haben wir einen herrlichen Blick auf das Echaztal mit seinen Felskränzen aus Massenkalken, auf die treppenartig abgelagerten Kalktuffe bei Honau, auf das alte Lautertal und auf die wellig-kuppige Albhochfläche bei Holzelfingen. Eine Besichtigung der Schloßanlage ist lohnenswert, nicht zuletzt wegen der herrlichen Ausblicke. Wir setzen unsere Wanderung fort am Forsthaus vorbei auf dem Wanderweg mit dem Hinweisschild „Nebelhöhle/Honau" (rotes Dreieck), durchqueren eine tiefe Einsattelung und steigen dann steil auf. Oben bieten sich immer wieder herrliche Ausblicke von den vorspringenden Massenkalkfelsen. Wir queren eine weitere Einsattelung und gehen nach dem Felsturm unterhalb des Wanderwegs nach rechts auf die beiden vorspringenden Felsnadeln des Breitensteins. Beim Weiterwandern verlassen wir die breite Schotterstraße und folgen dem schmalen, nach rechts führenden Wanderweg (rotes Dreieck). Bei dem Umsetzer und vom etwa 50 m entfernten Gießstein bieten sich noch einmal herrliche Ausblicke. Wir gehen auf dem nach rechts leicht bergab führenden Halbhöhenweg (rotes Dreieck) weiter, wobei uns auffällt, wie tief und schluchtartig die Seitentäler der Echaz eingeschnitten sind, Zeichen einer sehr starken Tiefenerosion. Beim Skilift überqueren wir die asphaltierte Straße und folgen dem großen Hinweisschild „Nebelhöhle". Die *Nebelhöhle* liegt in einem besonders schön ausgeprägten Felsbuckel der Kuppenalb. Wand- und Deckenpartien mit glatter Oberfläche und heruntergebrochene Felsblöcke erinnern an die Hauptursache für die Höhlenbildung: Kalkauflösung in wassergefüllten Hohlräumen und Versturz. Weiter wird deutlich, daß das im Kalk vorhandene Kluftsystem sehr stark den Höhlenverlauf und die Höhlenform beeinflußt. Eine Unzahl sehr schön ausgebildeter Tropfsteine und Kalksinter machen den Höhlenbesuch zu einem unvergeßlichen Erlebnis.
Von der Nebelhöhle aus gehen wir zurück bis zum Skilift und dann auf dem asphaltierten Feldweg über die Kuppenalb zurück zum Lichtenstein. An der Wegkreuzung mit dem Hinweisschild „Nebelhöhle" müssen wir uns links halten.
Karte: Blatt L 7520 Reutlingen.

Oben links: Schloß Lichtenstein. – *Oben rechts:* Tropfsteinbildung in der Nebelhöhle. – *Unten links:* Blick ins Echaztal und auf die Reutlinger Alb. – *Unten rechts:* Blick vom Lichtenstein auf Holzelfingen und den Felsenkranz aus Massenkalk.

Randwanderung auf der Zollernalb

Raichbergrücken und Hohenzollern waren ursprünglich die tiefsten Stellen des Hohenzollerngrabens, der im Tertiär um etwa 100 m absank. Nachdem die widerstandsfähigen Massenkalke der Grabenwände zerstört waren, beschleunigte sich die Abtragung im darunterliegenden weicheren Gestein. Die abgesunkenen Massenkalke, die im Graben die Sohle bildeten, waren härter und widersetzten sich der Abtragung jetzt mehr als ihre Umgebung. Sie wurden durch Reliefumkehr zu Bergrücken (Raichberg) und Kegelbergen (Hohenzollern). Ausgangspunkt ist der Parkplatz am Nägelehaus auf dem Raichberg. Man erreicht ihn von Onstmettingen aus. Es lohnt sich, zuerst den *Raichbergturm* zu besteigen, denn er bietet einen herrlichen Rundblick auf das Albvorland und den Albtrauf. Danach gehen wir parallel zum Nägelehaus auf den Waldrand zu, folgen dem Wanderweg Nr. 1 nach halbrechts bis zum Waldrand, gehen hier nach links auf dem Waldweg und nach etwa 20 m auf einen nach rechts abbiegenden, wiederum schmalen Waldpfad (roter Dreiblock) weiter. Erste geologische Sehenswürdigkeit ist der *„Hangende Stein"*, der seine Entstehung einem System senkrechter Klüfte und Spalten in der östlichen Randverwerfung des Hohenzollerngrabens verdankt, in die das Niederschlagswasser einsickerte. Durch Frostsprengung im Winter wurden die Klüfte und Spalten immer mehr erweitert, die Kalkfelsen zur Hangseite geschoben und gleichzeitig etwas nach außen gekippt. Dadurch konnte noch mehr Niederschlagswasser einsickern; die undurchlässigen Gammamergel wurden aufgeweicht und schlüpfrig und ließen die auflagernden Massenkalke noch mehr abgleiten. – Wir überqueren den Abriß am „Hangenden Stein" auf dem kleinen Steg und gehen am Trauf entlang weiter nach Nordwesten. Der gewaltige Steilabfall ist von mächtigen Felsblöcken übersät. Einen weiteren, mehrere 100 m langen Abriß einer Massenkalkscholle kann man zwar begehen (schmaler Fußpfad), doch ist er nicht ungefährlich und erfordert Schwindelfreiheit (Vorsicht!).

Zurückweichender Wald und vorspringende Massenkalkfelsen geben einen herrlichen Ausblick auf die Burg Hohenzollern. Vor dem Backofenfelsen machen wir einen kleinen Umweg und steigen auf dem leicht abwärts führenden Fußpfad ab. Nach etwa 30 m erreichen wir den *„Backofen"*, eine kleine Karsthöhle im Massenkalk. Wir gehen geradeaus weiter und wo die Felsen etwas zurückweichen, steigen wir an der rechten Felswand entlang (nicht durch den Kamin!) auf zum Backofenfelsen. Auf dem mit einer weißen 2 auf rotem Grund (später noch rotes Dreieck) gekennzeichneten Weg durchqueren wir eine Einsattelung, die das Zellerhorn vom Raichbergrücken trennt und gelangen auf einem langgezogenen Waldweg zum *Zellerhorn* (912 m), dem wohl schönsten Aussichtspunkt auf die Hohenzollernburg.

Auf dem schmalen Fußpfad (Nr. 2) steigen wir zu dem geschotterten Waldweg ab, auf dem wir nach links weiterwandern. Den Zollersteighof erreichen wir auf bequemen Wegen, müssen aber darauf achten, daß wir bei Wegkreuzungen stets auf dem rechten, d.h. dem unteren Weg bleiben. Am Zollersteighof erreichen wir den südwestlichen Rand des Hohenzollerngrabens: Hier liegen die Massenkalke des Weißjura δ (Grabensohle) und die Weißjura β-Kalke (Grabenrand) für uns unsichtbar auf gleicher Höhe.

Auf dem Feldweg hinter dem Zollersteighof geht es zurück über die Albhochfläche (Hinweisschild „Nägelehaus"). Nach dem Waldknick steigen wir direkt in Richtung des Sendemastes auf und gehen am Waldrand entlang zurück zum Parkplatz. Karte: Blatt L 7718 Balingen und Blatt L 7720 Ebingen.

Oben links: Blick auf den Hohenzollern. – *Oben rechts:* Blick vom Raichberg in Richtung Ebingen. – *Unten links:* Alblandschaft beim Hangenden Stein. – *Unten rechts:* Der Hangende Stein.

Vom Lochenstein zum Schafberg und Wenzelstein

Schwammbildungen im Weißjura β treten in der Ostalb wie in der Mittleren Alb nur vereinzelt, in der Westalb dagegen gehäuft auf. Die Felsenkränze von Lochenstein, Gräbelesberg und Böllat, die das tief eingeschnittene Eyachtal säumen und ihm seinen besonderen Reiz verleihen, sind aus Schwammriffen aufgebaut. Ehemalige Schwammkolonien auf dem Meeresboden ragen hier hügelartig aus der geschichteten Umgebung (Weißjura) auf. Die jähen Abbrüche sind durch rasche Verwitterung des weniger widerstandsfähigen angrenzenden Schichtgesteins entstanden, nicht etwa nach Art der heutigen Korallenriffe.
Ausgangspunkt: Großer Parkplatz am Lochenstein (gegenüber dem Lochensteinhotel an der Straße Balingen-Tieringen). Im Süden vor uns dehnt sich ein breites Tal, der ehemalige Oberlauf der Bära, durchschnitten von der Schlichem, mit ziemlich steilen, bewaldeten Hängen, rechts der bewaldete Kegel des Wenzelstein und dahinter in seiner vollen Länge der Schafberg. Hinter uns erhebt sich der steil auftragende Schwammstotzen des Lochensteins. Wir steigen auf dem steilen Wanderweg (roter Rhombus) an stark verschwammten β -Kalken vorbei hinauf zum *Lochenstein*. Auf dem Plateau haben wir gleich rechts einen sehr schönen Blick auf den Albtrauf mit Hörnle, Eyachtal, Böllat und Zollernalb. Wir gehen links an der Albvereinshütte vorbei bis zum Gipfelkreuz auf den senkrecht abfallenden Schwammriffen. Von hier hat man einen weiten Blick über die Ebene des Albvorlands nach Norden bis zum Rand der Keuperstufe. Auf dem Wanderweg am Plateau entlang nach links steigen wir auf dem deutlich ausgetretenen Wanderweg zum Sträßchen auf der Südseite ab. Hier folgen wir dem auf den Schafberg führenden Feldweg (Hinweisschild „Schafberg, Plettenberg") bergauf mit herrlichen Ausblicken auf den Lochensteinfelsen und das Lochenhörnle. Am Ende der langgezogenen Linkskurve wenden wir uns am Hinweisschild „Gespaltener Fels" scharf nach rechts und steigen, dem roten Dreieck folgend, über die Wacholderheide direkt zum „*Gespaltenen Felsen*" (1000 m) auf, der, ähnlich dem „Hangenden Stein", durch Witterungseinflüsse vom Albkörper abgetrennt ist und ein ganzes Labyrinth von Felsblöcken bildet. Wir gehen am Trauf entlang nach links (Westen) zum „*Hohen Fels*", einem weiteren schönen Aussichtspunkt und folgen dann einem engen, leicht bergab führenden Waldpfad bis zum Hinweisschild „Abstieg zum Plettenberg". Hier nicht absteigen, sondern am Trauf entlang im Wald weitergehen, dann auf einem breiten Grasweg leicht bergauf zum „Hinteren Schafberg" (987 m). Dabei haben wir den Plettenberg mit seinem Dach aus geschichteten und verschwammten β -Kalken rechts immer zum Greifen nahe vor uns. Er ist durch das schluchtartig eingeschnittene Schlichemtal vom Hochalbkörper getrennt. Wir gehen noch vor bis zum Sporn und genießen den sehr schönen Ausblick auf Hausen am Tann und das Schlichemtal, dann wandern wir nach links (Richtung Hausen am Tann) weiter und halten uns an der Abzweigung „Hausen am Tann/ Obernheim" auf dem linken, mit Nr. 5 gekennzeichneten Weg. Der Pfad ist manchmal schwer zu erkennen, und nur selten kann man einen Blick auf die zum Schlichemtal hin senkrecht abfallenden Schwammriffe des Wenzelsteins erhaschen. Auf dem breiten, nach rechts abbiegenden Waldweg gehen wir bergab und folgen dem Hinweisschild „Lochenstein-Wenzelstein", steigen auf dem markierten Wanderweg noch auf zum *Wenzelstein* (rechts am Weg gibt es eine Miniatur-Karsthöhle) und gelangen dann auf dem breiten Schotterweg zurück zum Parkplatz. Karte: Blatt L 7718 Balingen.

Oben links: Der Lochenstein, ein deutlich herauspräparierter Schwammstotzen, der beim Aufstieg zum Schafberg besonders gut zu erkennen ist. – *Oben rechts:* Blick vom Lochenstein in Richtung Hohenzollern. – *Unten links:* Der Gespaltene Fels. – *Unten rechts:* Blick auf den Plettenberg vom Hinteren Schafberg aus.

Rundwanderung am Oberhohenberg, Hochberg und Lemberg

Lemberg (1015 m), Oberhohenberg (1011 m) und Hochberg (1009) sind die höchsten Erhebungen der Schwäbischen Alb. Sie bilden eine durch die Untere Bära und den Deilinger Mühlbach vom Albkörper völlig losgelöste Berggruppe. Ihr tafelartiges Dach wird von den Kalken des Weißjura β gebildet, die am Hochberg schon stark verschwammt sind und nach Westen einen imposanten Steilabfall bilden. Die Untere Bära entspringt im Braunjura δ auf den Bärwiesen (833 m) etwa 1 km nördlich von Gosheim. Sie hat hier zwischen Lemberg und Hummelsberg schon ein so breites Tal, daß ihr Quellgebiet mit Sicherheit einmal viel weiter im Westen gelegen haben muß. Das gleiche gilt für den Deilinger Mühlbach und seinen breiten Talgrund zwischen Ortenberg und Oberhohenberg. Beides sind geköpfte Täler. Die Berggruppe ist beim Zurückweichen des Albrandes stehen geblieben. Die Hauptwasserscheide verläuft vom Heuberger Wasen östlich Denkingen bis zum Bühl (858 m) westlich Deilingen ungefähr am Stirnrand der Alb und biegt dann in west-östlicher Richtung zum Ortenberg um.
Ausgangspunkt: Wanderparkplatz am Oberhohenberg (über Deilingen oder Schörzingen erreichbar). Der steile Waldweg (rotes Dreieck) führt uns hinauf zur *Ruine Oberhohenberg* auf den Kalken des Weißjura β. Von hier aus haben wir einen herrlichen Blick auf das Albvorland, auf die Braunjurastufe des Bühl und auf den Plettenberg.
Wir durchqueren die flache, bis in den Weißjura α reichende Einsattelung, die den Oberhohenberg vom Hochberg trennt, und gehen am Albtrauf entlang weiter. Eindrucksvoll sind der senkrechte Abbruch der β -Kalke an der Westseite und die auffallend starke Verschwammung, die an die Weißjura δ -Kalke (geologisch jüngere Schichten) der Mittleren und der Ostalb erinnert.
An der Weggabelung mit dem Hinweisschild „Lemberg“ bzw. „Hochberg“ gehen wir rechts ab auf dem gut ausgebauten Weg am Steilhang entlang. β -Kalke, die auf den Ornatentonen des Braunjura ζ abgerutscht sind, säumen den vom Trauf wegführenden Wanderweg (Nr. 2). Auf ihm (Hinweisschild „Lemberg-Gosheim“) steigen wir zum *Kaiserloch* (924 m) ab, das bis zum Ornatenton hinabreicht. In steilem Anstieg (Nr. 2) führt dann der Weg an scharfkantigem Verwitterungsschutt und anstehenden β -Kalken vorbei auf den *tafelbergartigen Lemberg*. Dort lohnt sich eine Besteigung des Aussichtsturmes. An schönen Tagen sieht man im Westen bis zum Schwarzwald und zu den Vogesen, im Süden bis zu den Alpen. Zu unseren Füßen liegt die wellige Liasfläche und der deutlich sichtbare, stark zerfurchte und zerlappte Sockel von Braunjura β und γ. Jenseits des geköpften Tals der Unteren Bära bilden die Weißjura β -Kalke des Dreifaltigkeitsmassivs den mauerartigen Albtrauf.
Auf dem gleichen Weg zurückgehend, steigen wir nach dem Kaiserloch bis zum Hinweisschild „Wasserschutzgebiet“ auf, wenden uns dort nach rechts in Richtung „Bürgle-Wehingen“ (Nr. 6) und gehen auf bequemen Waldwegen weiter. Wir müssen uns nun an jeder Wegkreuzung nach links orientieren! Vorbei an den *Bergrutschen des Hochbergs*, bei denen die Weißjuraschichten auf den Ornatentonen abgeglitten sind, gehen wir bis zum Wanderparkplatz Roßreute, dann auf dem Schotterweg (Nr. 4) am Waldrand entlang, über die Waldwiese und erreichen in der direkten Verlängerung des Schotterwegs den Wanderparkplatz am Oberhohenberg. Karte: Blatt L 7918 Spaichingen.

Oben links: Blick vom Oberhohenberg auf das Albvorland um Schörzingen und die bewaldete Braunjurastufe. – *Oben rechts:* Blick auf den Lemberg oberhalb Wehingen. – *Unten links:* Bergrutsch am Hochberg. Hier sind Weißjuraschichten über die Ornatentone des obersten Braunjura abgerutscht. – *Unten rechts:* Blick über das geköpfte Tal des Deilinger Mühlbachs (altes Bäratal) zum Plettenberg.

Verzeichnis der Abbildungen